Impressum
Verlag: BABADADA GmbH, Nedderfeld 112 , 22529 Hamburg
Geschäftsführer / Verlagsleitung: Harald Hof
Druck: Books on Demand GmbH, In de Tarpen 42, 22848 Norderstedt

Imprint
Publisher: BABADADA GmbH, Nedderfeld 112 , 22529 Hamburg, Germany
Managing Director / Publishing direction: Harald Hof
Print: Books on Demand GmbH, In de Tarpen 42, 22848 Norderstedt

el colegio
σχολείο

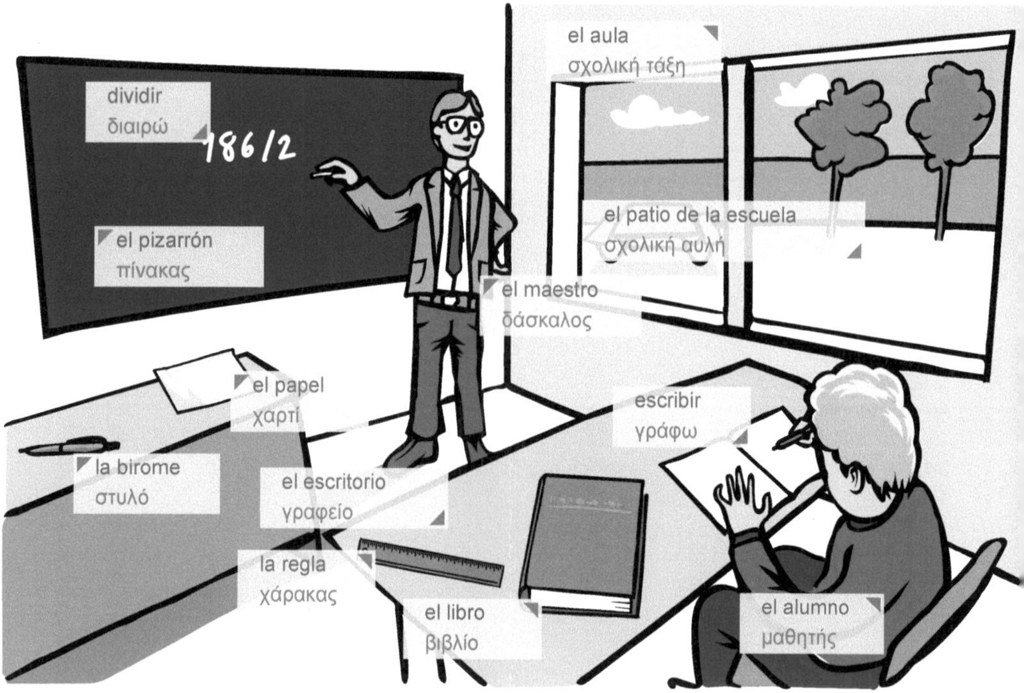
el aula
σχολική τάξη
dividir
διαιρώ
186/2
el pizarrón
πίνακας
el patio de la escuela
σχολική αυλή
el maestro
δάσκαλος
el papel
χαρτί
escribir
γράφω
la birome
στυλό
el escritorio
γραφείο
la regla
χάρακας
el libro
βιβλίο
el alumno
μαθητής

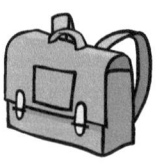

la mochila
σχολική τσάντα

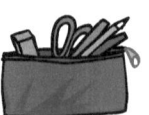

la caja de lápices
κασετίνα/ μολυβοθήκη

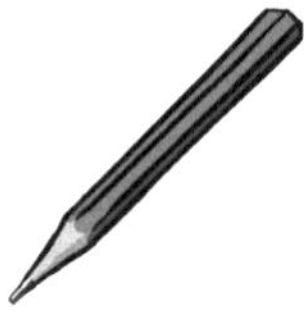

el lápiz
μολύβι

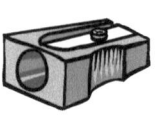

el sacapuntas
ξύστρα

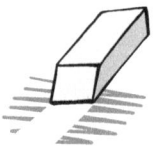

la goma (de borrar)
γόμα

el bloc de dibujo
μπλοκ ζωγραφικής

el dibujo

ζωγραφική

el pincel

πινέλο

la caja de pinturas

κουτί χρωμάτων

la tijera

ψαλίδι

el pegamento

κόλλα

el cuaderno de ejercicios

τετράδιο ασκήσεων

la tarea

εργασία για το σπίτι

el número

αριθμός

2+2

sumar

προσθέτω

5-2

restar

αφαιρώ

multiplicar

πολλαπλασιάζω

calcular

υπολογίζω

A

la letra

γράμμα

el abecedario

αλφάβητο

la palabra

λέξη

el texto

κείμενο

leer

διαβάζω

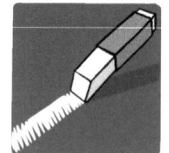

la tiza

κιμωλία

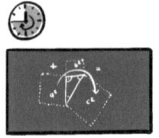

la lección

μάθημα

el cuaderno de clase

εγγράφομαι

el examen

τεστ

el certificado

πιστοποιητικό

el uniforme escolar

μαθητική στολή

la educación

εκπαίδευση

la enciclopedia

εγκυκλοπαίδεια

la universidad

πανεπιστήμιο

el microscopio

μικροσκόπιο

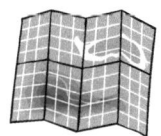

el mapa

χάρτης

el tacho (de basura)

καλάθι αχρήστων

el viaje
ταξίδι

el hotel
ξενοδοχείο
Grand
el hostel
ξενώνας
ROOMS
EXCHANGE
la casa de cambio
ανταλλακτήρια συναλλάγματος
la valija
βαλίτσα
el auto
αυτοκίνητο

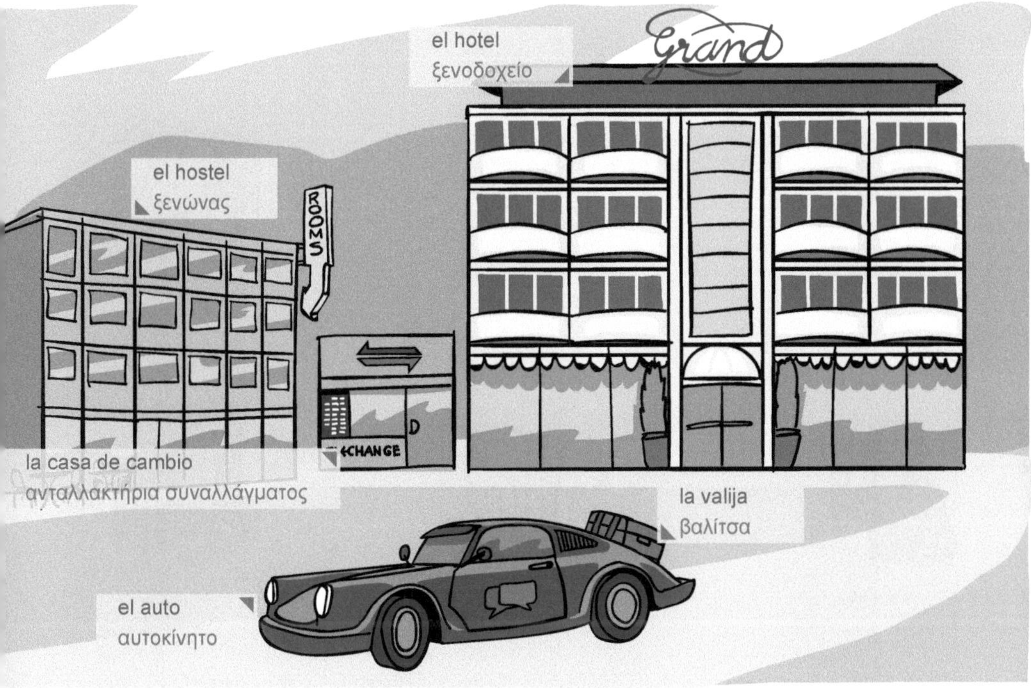

el idioma

γλώσσα

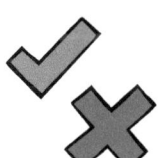

sí / no

ναι / όχι

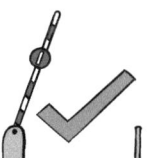

Está bien

εντάξει

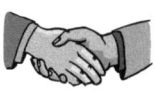

hola

γεια σου

el traductor

μεταφραστής

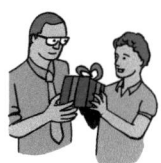

Gracias

Ευχαριστώ

¿cuánto cuesta…?

πόσο κάνει ;

No entiendo

Δε καταλαβαίνω

el problema

πρόβλημα

¡Buenas tardes!

Καλησπέρα!

¡Buenos días!

Καλημέρα!

¡Buenas noches!

Καληνύχτα!

el adiós

Αντίο

la dirección

κατεύθυνση

el equipaje

αποσκευές

el bolso

τσάντα

la mochila

σακίδιο πλάτης

el invitado

καλεσμένος

la habitación

δωμάτιο

la bolsa de dormir

υπνόσακος

la carpa

σκηνή

la información turística

τουριστικές πληροφορίες

la playa

παραλία

la tarjeta de crédito

πιστωτική κάρτα

el desayuno

πρωινό

el almuerzo

μεσημεριανό

la cena

δείπνο

el pasaje

εισιτήριο

el ascensor

ανελκυστήρας

el sello

γραμματόσημο

la frontera

σύνορα

la aduana

τελωνείο

la embajada

πρεσβεία

la visa

βίζα

el pasaporte

διαβατήριο

el viaje - ταξίδι

el transporte
μεταφορά

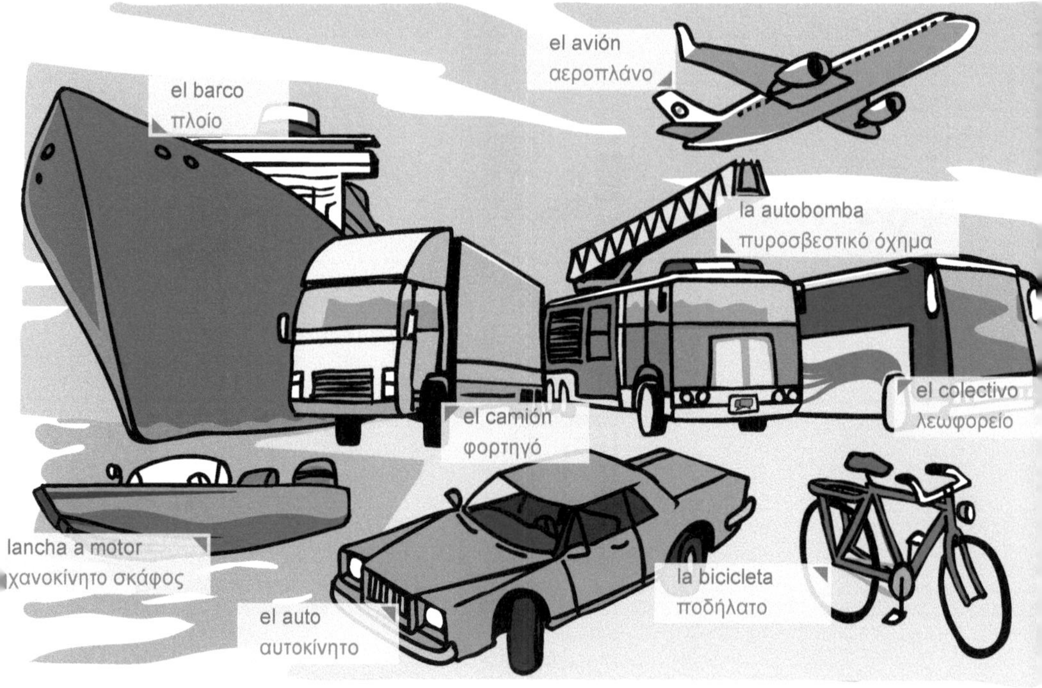

el avión
αεροπλάνο

el barco
πλοίο

la autobomba
πυροσβεστικό όχημα

el colectivo
λεωφορείο

el camión
φορτηγό

lancha a motor
μηχανοκίνητο σκάφος

la bicicleta
ποδήλατο

el auto
αυτοκίνητο

el ferry

φεριμπότ

el bote

βάρκα

la moto

μοτοσικλέτα

el patrullero

περιπολικό

el auto de carreras

αγωνιστικό αυτοκίνητο

el auto de alquiler

ενοικιαζόμενο αυτοκίνητο

el alquiler de autos

διαμοιρασμός αυτοκινήτων

la grúa

γερανός

el camión de la basura

απορριμματοφόρο

el motor

κινητήρας

la nafta

καύσιμο

la estación de servicio

βενζινάδικο

la señal de tránsito

πινακίδα σήμανσης

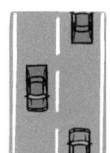

el tránsito

κυκλοφορία

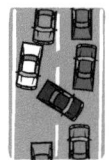

el embotellamiento

κυκλοφοριακή συμφόρηση

el estacionamiento

χώρος στάθμευσης

la estación de tren

σιδηροδρομικός σταθμός

las vías

σιδηροδρομικές γραμμές

el tren

τρένο

el tranvía

τραμ

el vagón

βαγόνι

el helicóptero

ελικόπτερο

el aeropuerto

αεροδρόμιο

la torre

πύργος

el pasajero

επιβάτης

el contenedor

εμπορευματοκιβώτιο

la caja de cartón

χαρτοκιβώτιο

la carretilla

καρότσι

la canasta

καλάθι

despegar / aterrizar

απογειώνομαι /
προσγειόνομαι

la ciudad
πόλη

el pueblo

χωριό

el centro de la ciudad

κέντρο της πόλης

la casa

σπίτι

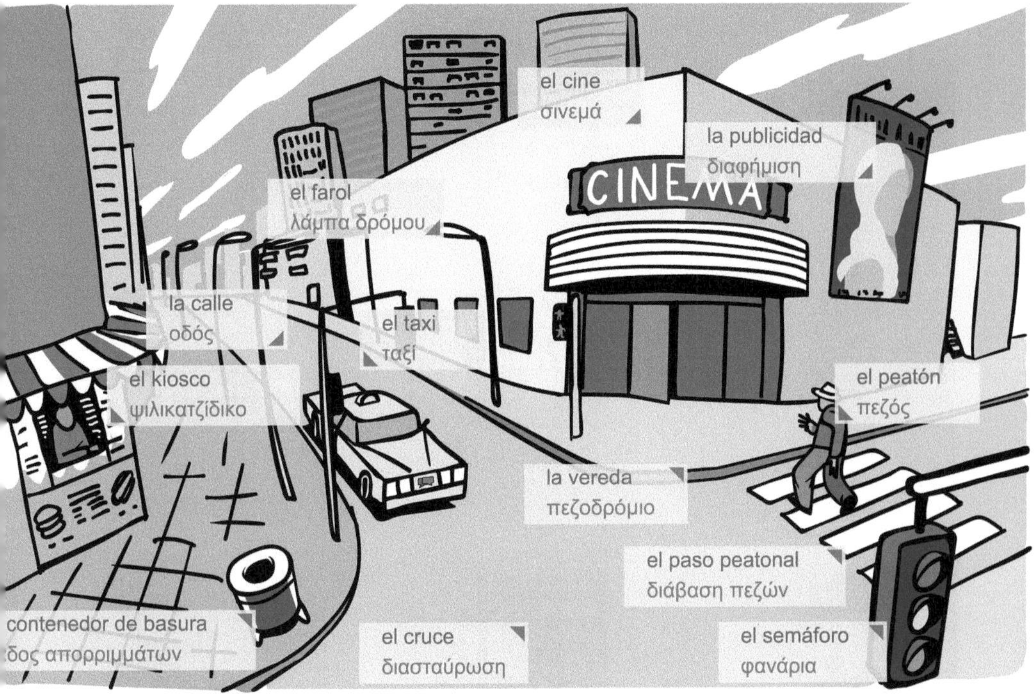

el cine
σινεμά

la publicidad
διαφήμιση

el farol
λάμπα δρόμου

la calle
οδός

el taxi
ταξί

el peatón
πεζός

el kiosco
ψιλικατζίδικο

la vereda
πεζοδρόμιο

el paso peatonal
διάβαση πεζών

contenedor de basura
δος απορριμμάτων

el cruce
διασταύρωση

el semáforo
φανάρια

la cabaña
καλύβα

el departamento
διαμέρισμα

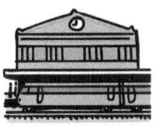

la estación de tren
σιδηροδρομικός σταθμός

la municipalidad
δημαρχείο

el museo
μουσείο

el colegio
σχολείο

la universidad

πανεπιστήμιο

el banco

τράπεζα

el hospital

νοσοκομείο

el hotel

ξενοδοχείο

la farmacia

φαρμακείο

la oficina

γραφείο

la librería

βιβλιοπωλείο

el negocio

κατάστημα

la florería

ανθοπωλείο

el supermercado

σούπερ μάρκετ

el mercado

αγορά

las grandes tiendas

πολυκατάστημα

la pescadería

ιχθυοπωλείο

el centro comercial

εμπορικό κέντρο

el puerto

λιμάνι

el parque

πάρκο

el banco

παγκάκι

el puente

γέφυρα

las escaleras

σκάλες

el subte

μετρό

el túnel

τούνελ

la parada del colectivo

στάση λεωφορείου

el bar

μπαρ

el restaurante

εστιατόριο

el buzón

γραμματοκιβώτιο

el letrero

πινακίδα δρόμου

el parquímetro

παρκόμετρο

el zoológico

ζωολογικός κήπος

la pileta

πισίνα

la mezquita

τζαμί

la granja

αγρόκτημα

la contaminación

ρύπανση

el cementerio

νεκροταφείο

la iglesia

εκκλησία

los juegos infantiles

παιδική χαρά

el templo

ναός

el paisaje

τοπίο

la hoja
φύλλο

el poste indicador
πινακίδα κατεύθυνσης

el camino
δρόμος

la pradera
λιβάδι

la piedra
πέτρα

el excursionista
πεζοπόρος

el árbol
δέντρο

el río
ποτάμι

la hierba
χορτάρι

la flor
λουλούδι

el valle

κοιλάδα

la montaña

λόφος

el lago

λίμνη

el bosque

δάσος

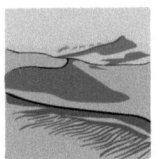

el desierto

έρημος

el volcán

ηφαίστειο

el castillo

κάστρο

el arco iris

ουράνιο τόξο

el champiñón

μανιτάρι

la palmera

φοίνικας

el mosquito

κουνούπι

la mosca

μύγα

la hormiga

μυρμήγκι

la abeja

μέλισσα

la araña

αράχνη

el escarabajo

σκαθάρι

la rana

βάτραχος

la ardilla

σκίουρος

el erizo

σκαντζόχοιρος

la liebre

λαγός

la lechuza

κουκουβάγια

el pájaro

πουλί

el cisne

κύκνος

el jabalí

αγριογούρουνο

el ciervo

ελάφι

el alce

άλκη

la presa

φράγμα

el aerogenerador

ανεμογεννήτρια

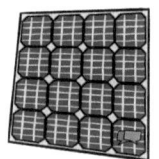

el panel solar

ηλιακός συλλέκτης

el clima

κλίμα

el paisaje - τοπίο

el restaurante
εστιατόριο

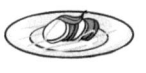

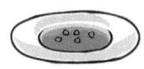

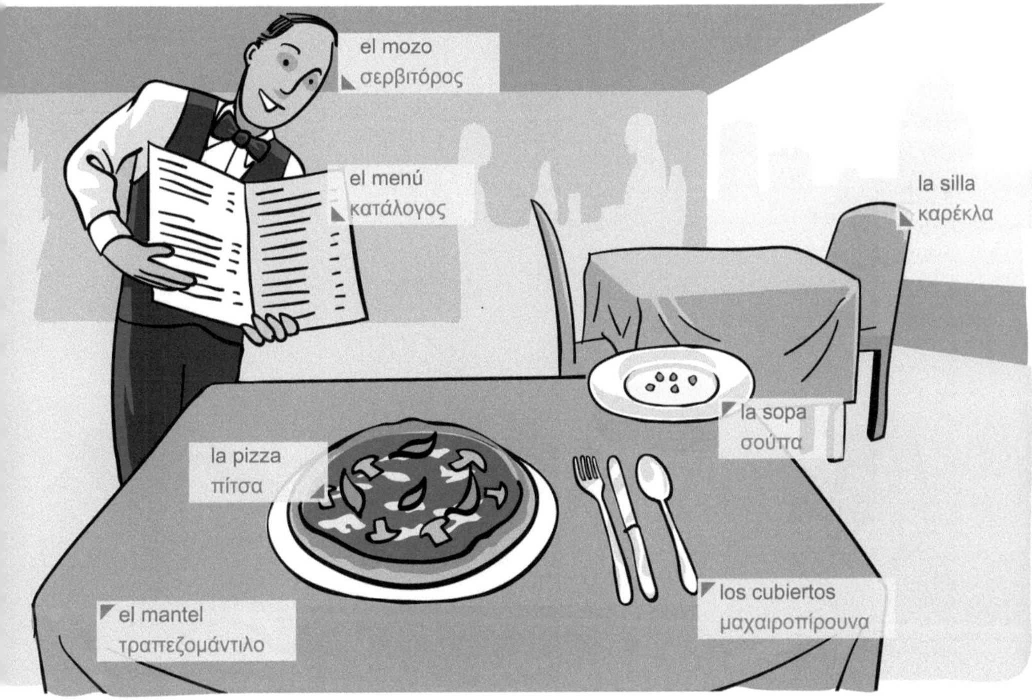

el mozo
σερβιτόρος
el menú
κατάλογος
la silla
καρέκλα
la sopa
σούπα
la pizza
πίτσα
los cubiertos
μαχαιροπίρουνα
el mantel
τραπεζομάντιλο

la entrada
ορεκτικό

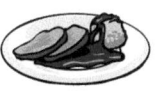

el plato principal
κύριο πιάτο

el postre
επιδόρπιο

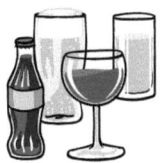

las bebidas
ποτά

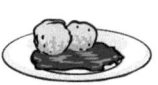

la comida
φαγητό

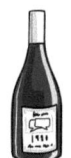

la botella
μπουκάλι

la comida rápida

φαστ φουντ

la comida callejera

φαγητό στ' όρθιο

la tetera

τσαγιέρα

la azucarera

δοχείο ζάχαρης

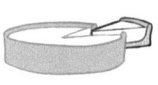

la porción

μερίδα

la cafetera expreso

μηχανή εσπρέσο

la sillita alta

ψηλή καρέκλα

la cuenta

λογαριασμός

la bandeja

δίσκος

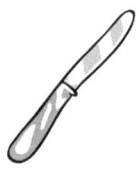

el cuchillo

μαχαίρι

el tenedor

πιρούνι

la cuchara

κουτάλι

la cucharita

κουταλάκι του τσαγιού

la servilleta

πετσέτα φαγητού

el vaso

ποτήρι

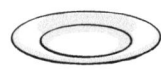

el plato

πιάτο

el plato hondo

πιάτο σούπας

el plato

πιατάκι φλιτζανιού

la salsa

σάλτσα

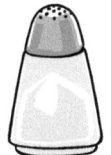

el salero

αλατιέρα

el molinillo de pimienta

μύλος για πιπέρι

el vinagre

ξύδι

el aceite

λάδι

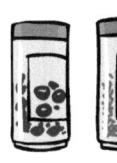

las especias

μπαχαρικά

el kétchup

κέτσαπ

la mostaza

μουστάρδα

la mayonesa

μαγιονέζα

el supermercado
σούπερ μάρκετ

la oferta especial
προσφορά
FOR
el cliente
πελάτης
los lácteos
γαλακτοκομικά προϊόντα
la fruta
φρούτα
el changuito
καρότσι για ψώνια

BUTCHERS

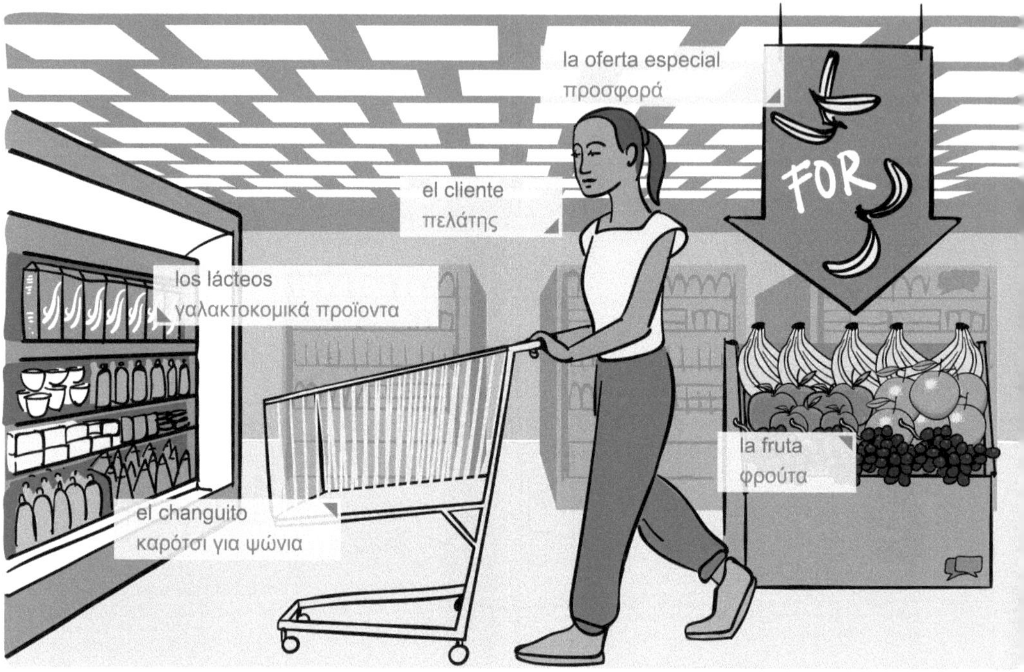

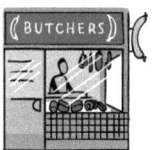

la carnicería

κρεοπωλείο

BAKERY

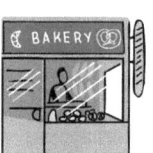

la panadería

φούρνος

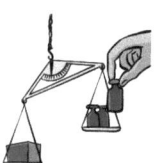

pesar

ζυγίζω

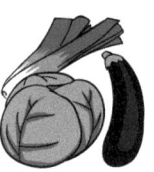

las verduras

λαχανικά

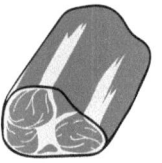

la carne

κρέας

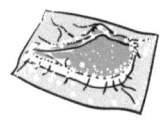

los alimentos congelados

κατεψυγμένα τρόφιμα

los fiambres

αλλαντικά

los alimentos enlatados

κονσερβοποιημένη τροφή

el detergente en polvo

απορρυπαντικό ρούχων

las golosinas

γλυκά

los electrodomésticos

οικιακά είδη

los productos de limpieza

καθαριστικά προϊόντα

la vendedora

πωλήτρια

la caja

ταμείο

el cajero

ταμίας

la lista de compras

λίστα για ψώνια

el horario de atención

ωράριο λειτουργίας

la billetera

πορτοφόλι

la tarjeta de crédito

πιστωτική κάρτα

la cartera

τσάντα

la bolsa de plástico

πλαστική σακούλα

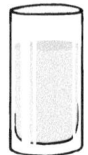

el agua

νερό

el jugo

χυμός

la leche

γάλα

la bebida cola

κόκα κόλα

el vino

κρασί

la cerveza

μπίρα

el alcohol

αλκοόλ

el cacao

κακάο

el té

τσάι

el café

καφές

el café expreso

εσπρέσο

el cappuccino

καπουτσίνο

la banana

μπανάνα

la manzana

μήλο

la naranja

πορτοκάλι

el melón

πεπόνι

el limón

λεμόνι

la zanahoria

καρότο

el ajo

σκόρδο

el bambú

μπαμπού

la cebolla

κρεμμύδι

el champiñón

μανιτάρι

las nueces

ξηροί καρποί

los fideos

νουντλς

los tallarines

μακαρόνια

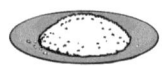

el arroz

ρύζι

la ensalada

σαλάτα

las papas fritas

πατατάκια

las papas fritas

τηγανητές πατάτες

la pizza

πίτσα

la hamburguesa

χάμπουργκερ

el sándwich

σάντουιτς

el churrasco

κοτολέτα

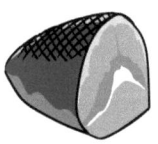

el jamón

ζαμπόν

el salame

σαλάμι

la salchicha

λουκάνικο

el pollo

κοτόπουλο

el asado

ψητό

el pescado

ψάρι

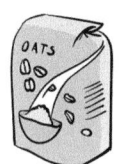

los copos de avena

χυλός βρώμης

el muesli

μούσλι

los copos de maíz

κορν φλέικς

la harina

αλεύρι

la medialuna

κρουασάν

el pancito

ψωμάκι

el pan

ψωμί

la tostada

τοστ

las galletitas

μπισκότα

la manteca

βούτυρο

la cuajada

τυρόπηγμα

la torta

κέικ

el huevo

αυγό

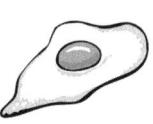

el huevo frito

τηγανητό αυγό

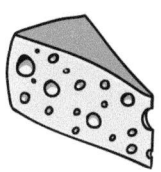

el queso

τυρί

la comida - φαγητό

el helado

παγωτό

el azúcar

ζάχαρη

la miel

μέλι

la mermelada

μαρμελάδα

la pasta de chocolate

άλλειμμα σοκολάτας

el curry

κάρυ

la granja
αγρόκτημα

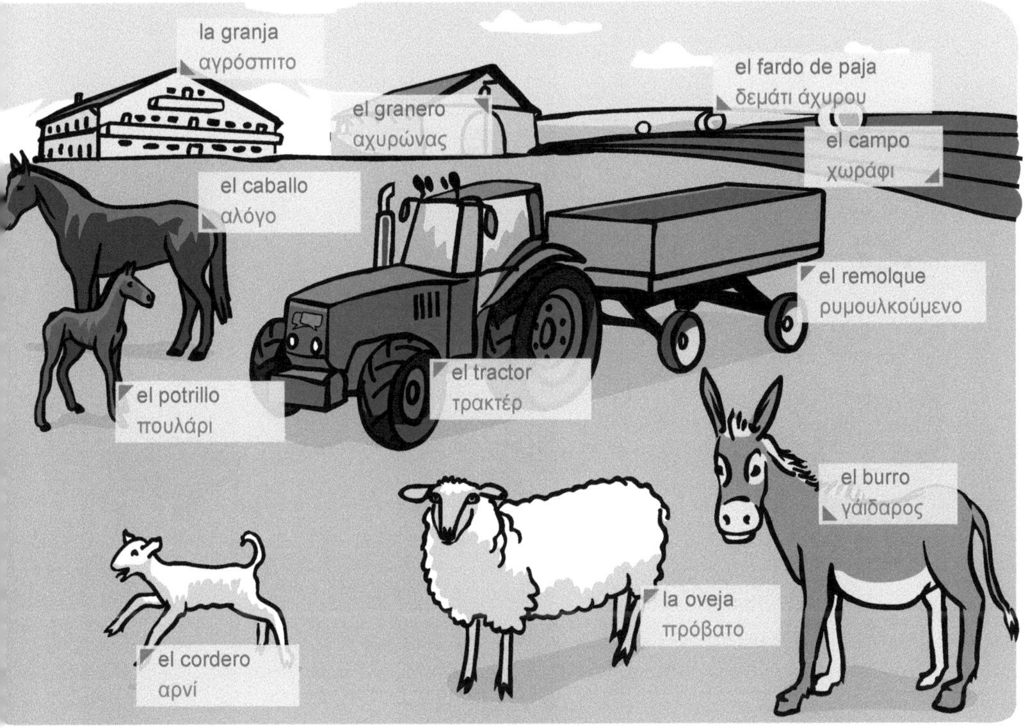
la granja
αγρόσπιτο
el granero
αχυρώνας
el fardo de paja
δεμάτι άχυρου
el campo
χωράφι
el caballo
αλόγο
el remolque
ρυμουλκούμενο
el tractor
τρακτέρ
el potrillo
πουλάρι
el burro
γάιδαρος
la oveja
πρόβατο
el cordero
αρνί

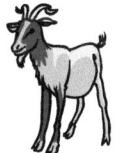

la cabra
κατσίκα

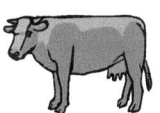

la vaca
αγελάδα

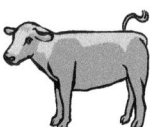

el ternero
μοσχαράκι

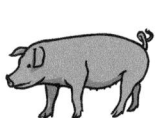

el cerdo
γουρούνι

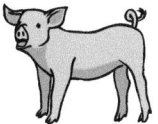

el lechón
γουρουνάκι

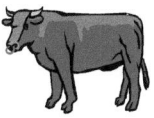

el toro
ταύρος

el ganso

χήνα

el pato

πάπια

el pollo

κοτοπουλάκι

la gallina

κότα

el gallo

κόκορας

la rata

αρουραίος

el gato

γάτα

el ratón

ποντίκι

el buey

βόδι

el perro

σκύλος

la cucha

σπιτάκι σκύλου

la manguera

λάστιχο κήπου

la regadera

ποτιστήρι

la guadaña

θεριστήρι

el arado

αλέτρι

la hoz

δρεπάνι

la azada

τσάπα

la horquilla

δίκρανο

el hacha

τσεκούρι

la carretilla

χειράμαξα

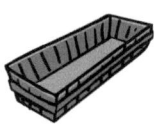

el abrevadero

ταΐστρα

la lechera

δοχείο γάλακτος

la bolsa

σάκος

la reja

φράχτης

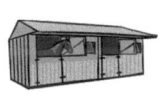

el establo

στάβλος

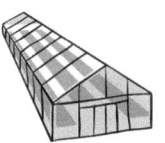

el invernadero

θερμοκήπιο

el suelo

έδαφος

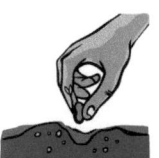

la semilla

σπόρος

el fertilizador

λίπασμα

la cosechadora

θεριζοαλωνιστική μηχανή

cosechar

θερίζω

la cosecha

συγκομιδή

las batatas

γιαμς

el trigo

σιτάρι

la soja

σόγια

la papa

πατάτα

el maíz

καλαμπόκι

la semilla de colza

κράμβη

el árbol frutal

οπωροφόρο δέντρο

la mandioca

μανιόκα

los cereales

δημητριακά

la casa
σπίτι

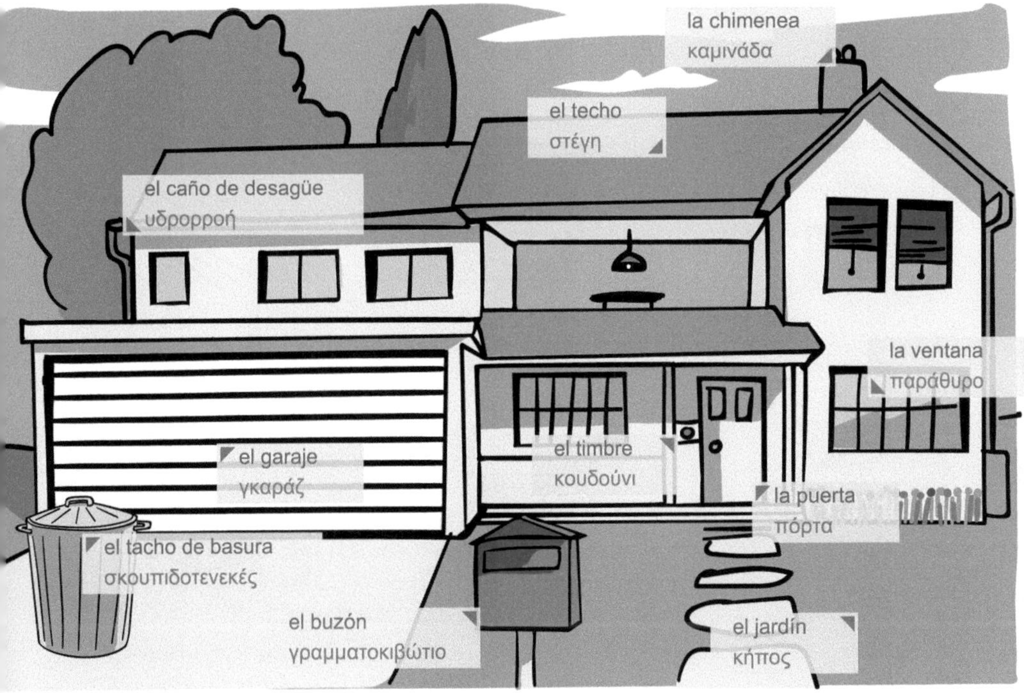
la chimenea
καμινάδα
el techo
στέγη
el caño de desagüe
υδρορροή
la ventana
παράθυρο
el timbre
κουδούνι
el garaje
γκαράζ
la puerta
πόρτα
el tacho de basura
σκουπιδοτενεκές
el buzón
γραμματοκιβώτιο
el jardín
κήπος

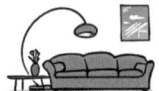

el living

σαλόνι

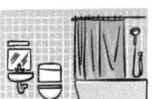

el baño

μπάνιο

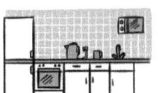

la cocina

κουζίνα

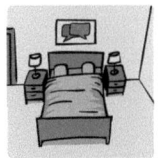

el dormitorio

υπνοδωμάτιο

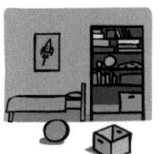

el cuarto de los chicos

παιδικό δωμάτιο

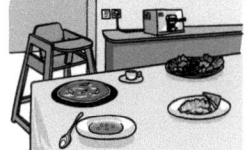

el comedor

τραπεζαρία

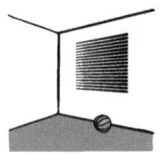

el piso

πάτωμα

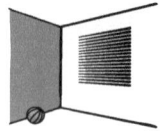

la pared

τοίχος

el cielorraso

οροφή

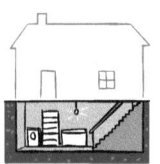

el sótano

κελάρι

el sauna

σάουνα

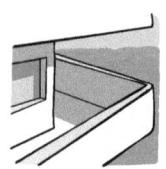

el balcón

μπαλκόνι

la terraza

βεράντα

la pileta

πισίνα

la cortadora de pasto

μηχανή του γκαζόν

la sábana

σεντόνι

el acolchado

κάλυμμα κρεβατιού

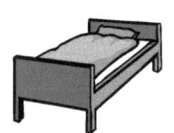

la cama

κρεβάτι

la escoba

σκούπα

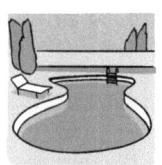

el balde

κουβάς

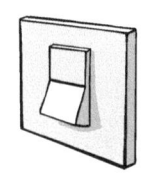

el interruptor

διακόπτης

el living
σαλόνι

el empapelado
ταπετσαρία
la imagen
φωτογραφία
la lámpara
λάμπα
el estante
ράφι
el armario
ντουλάπι
la televisión
τηλεόραση
la chimenea
τζάκι
la flor
λουλούδι
el almohadón
μαξιλάρι
el sofá
καναπές
el florero
βάζο
el control remoto
τηλεκοντρόλ

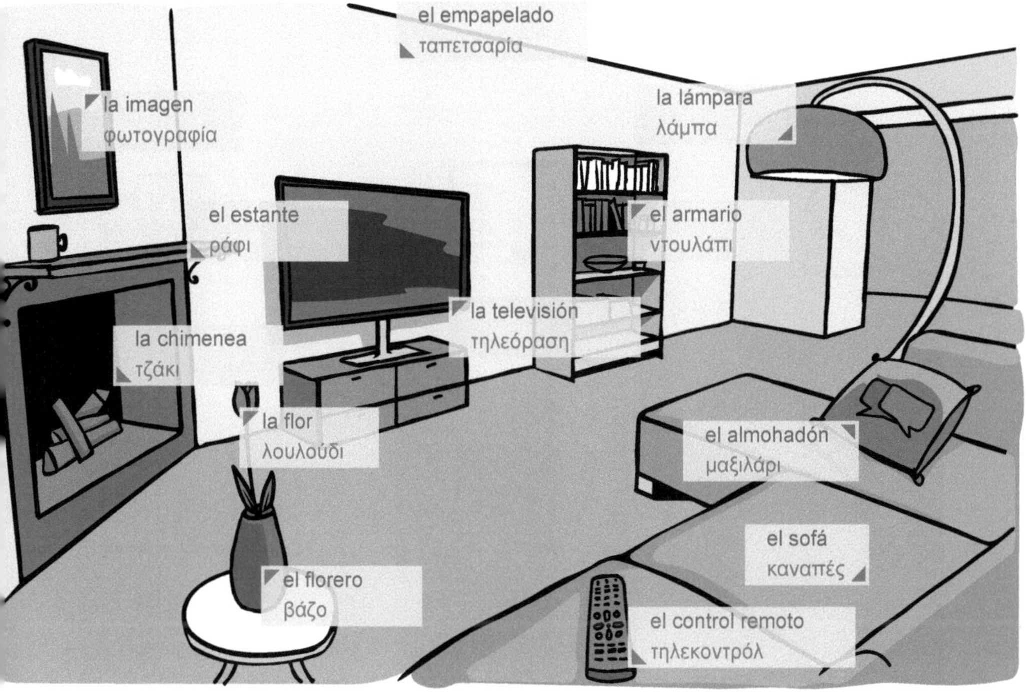

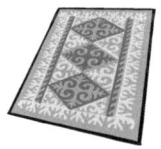

la alfombra
χαλί

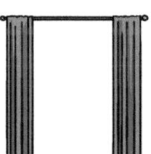

la cortina
κουρτίνα

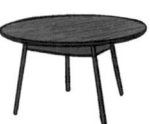

la mesa
τραπέζι

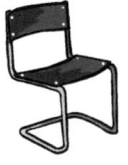

la silla
καρέκλα

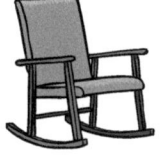

la mecedora
κουνιστή πολυθρόνα

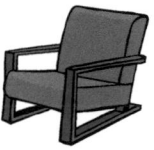

el sillón
πολυθρόνα

el libro

βιβλίο

la frazada

κουβέρτα

la decoración

διακόσμηση

la leña

καυσόξυλα

la película

ταινία

el equipo de música

στερεοφωνικό σύστημα

la llave

κλειδί

el diario

εφημερίδα

la pintura

πίνακας ζωγραφικής

el póster

αφίσα

la radio

ραδιόφωνο

el cuaderno

σημειωματάριο

la aspiradora

ηλεκτρική σκούπα

el cactus

κάκτος

la vela

κερί

la cocina
κουζίνα

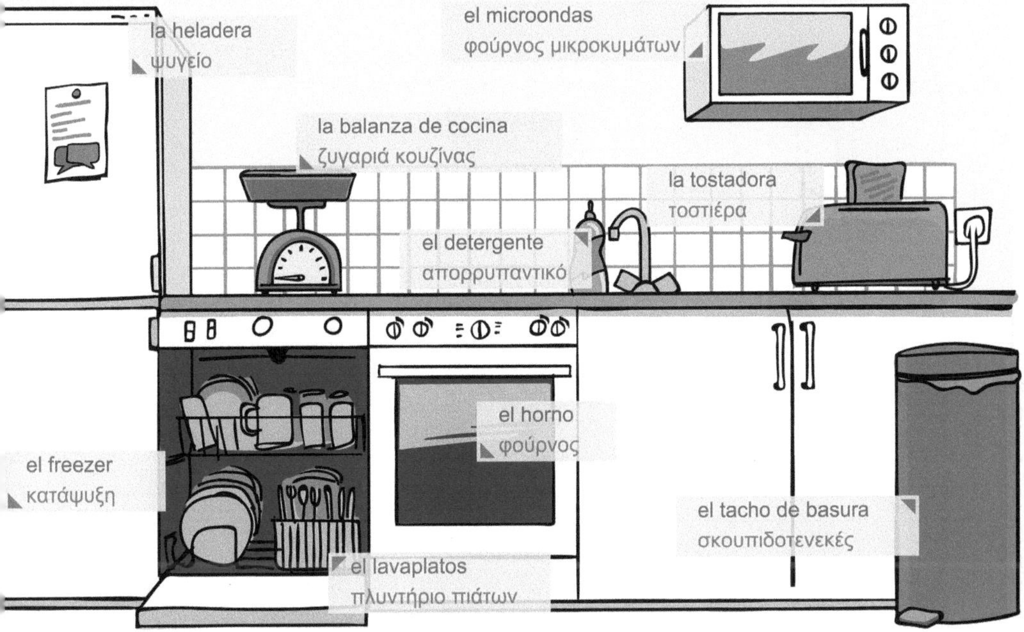

la heladera
ψυγείο
el microondas
φούρνος μικροκυμάτων
la balanza de cocina
ζυγαριά κουζίνας
la tostadora
τοστιέρα
el detergente
απορρυπαντικό
el horno
φούρνος
el freezer
κατάψυξη
el tacho de basura
σκουπιδοτενεκές
el lavaplatos
πλυντήριο πιάτων

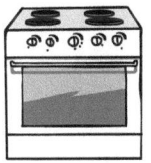

la cocina

κουζίνα

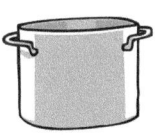

la olla

κατσαρόλα

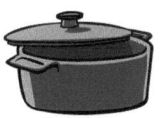

la olla de hierro fundido

μαντεμένια κατσαρόλα

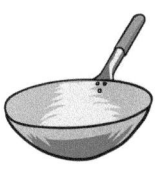

el wok

γουόκ/καντάι

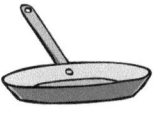

la sartén

τηγάνι

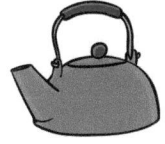

la pava

βραστήρας

la vaporera

ατμομάγειρας

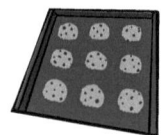

la bandeja de horno

ταψί

la vajilla

πιατικά

la taza

κούπα

el bol

μπολ

los palitos

ξυλάκια

el cucharón

κουτάλα

la espátula

σπάτουλα

la batidora

ανακατεύω

el colador

σουρωτήρι

el colador

σουρωτηράκι

el rallador

τρίφτης

el mortero

γουδί

la parrilla

ψησταριά

la fogata

ανοιχτή φωτιά

la tabla de picar

σανίδα κοπής

el palo de amasar

πλάστης

el sacacorchos

ανοιχτήρι φελλών

la lata

κονσέρβα

el abrelatas

ανοιχτήρι κονσέρβας

la manopla

γάντι φούρνου

la pileta

νεροχύτης

el cepillo

βούρτσα

la esponja

σφουγγάρι

la batidora

μπλέντερ

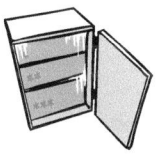

el congelador

καταψύκτης

la mamadera

μπιμπερό

la canilla

βρύση

la cocina - κουζίνα

el baño

μπάνιο

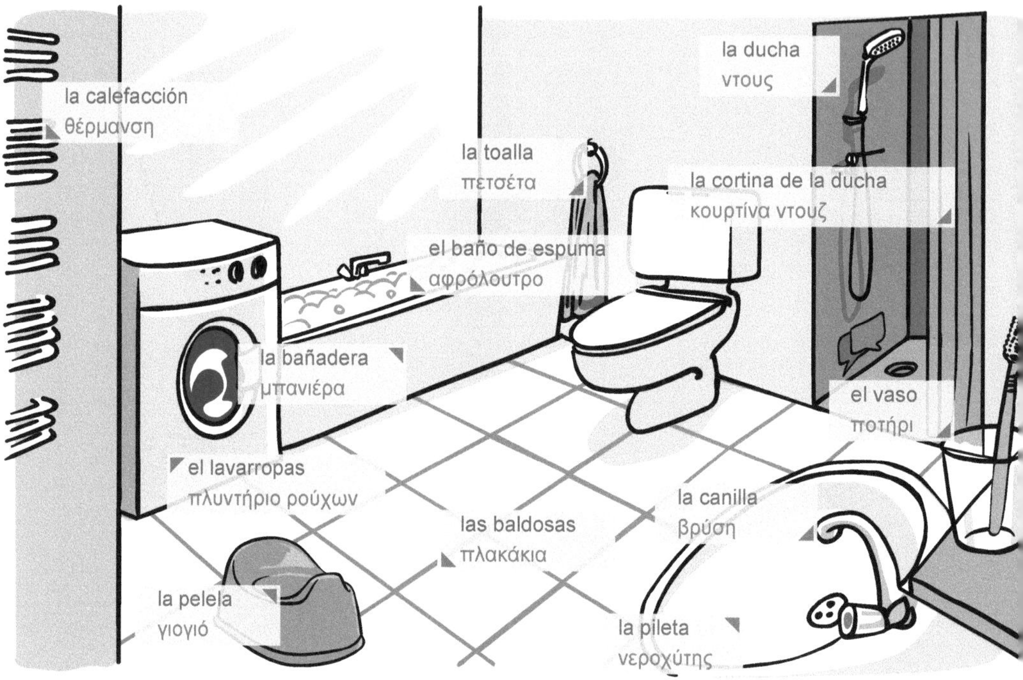

la calefacción
θέρμανση
la toalla
πετσέτα
la ducha
ντους
la cortina de la ducha
κουρτίνα ντους
el baño de espuma
αφρόλουτρο
la bañadera
μπανιέρα
el vaso
ποτήρι
el lavarropas
πλυντήριο ρούχων
las baldosas
πλακάκια
la canilla
βρύση
la pelela
γιογιό
la pileta
νεροχύτης

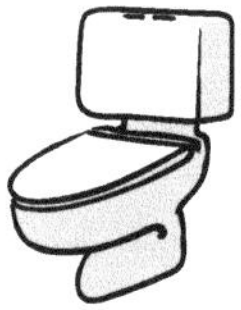

el inodoro

τουαλέτα

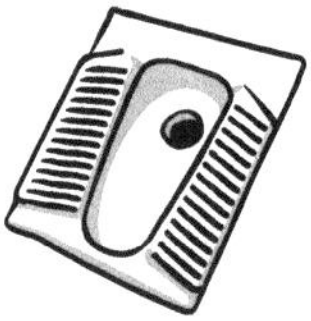

la letrina

τούρκικη τουαλέτα

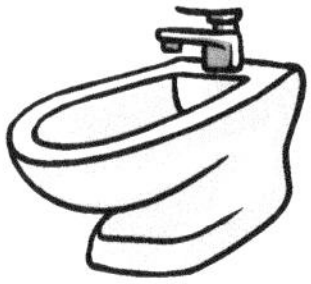

el bidé

μπιντές

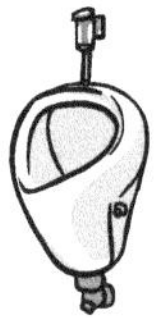

el mingitorio

ουρητήριο

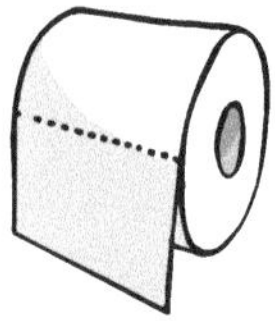

el papel higiénico

χαρτί υγείας

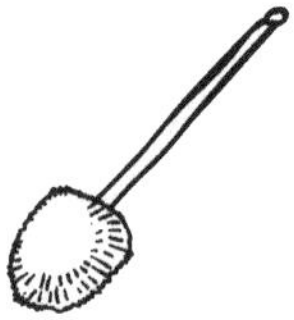

el cepillo para el inodoro

πιγκάλ

el cepillo de dientes

οδοντόβουρτσα

el dentífrico

οδοντόκρεμα

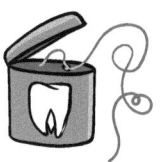

el hilo dental

οδοντικό νήμα

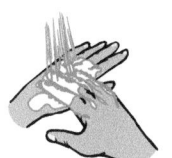

lavar

πλένω

la ducha de mano

τηλέφωνο ντους

la ducha higiénica

ντουσιέρα

la palangana

λεκάνη

el cepillo para la espalda

βούρτσα πλάτης

el jabón

σαπούνι

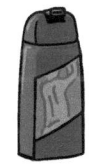

el gel de ducha

αφρόλουτρο

el shampoo

σαμπουάν

la toallita

φανέλα

el desagüe

σιφόνι

la crema

κρέμα

el desodorante

αποσμητικό

el espejo

καθρέφτης

el espejito

καθρέφτης χειρός

la maquinita de afeitar

ξυραφάκι

la espuma de afeitar

αφρός ξυρίσματος

el aftershave

αφτερσέιβ

el peine

χτένα

el cepillo

βούρτσα

el secador de pelo

σεσουάρ

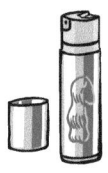

el spray

λακ

el maquillaje

μακιγιάζ

el lápiz de labios

κραγιόν

el esmalte para uñas

βερνίκι νυχιών

el algodón

βαμβάκι

la tijera para uñas

ψαλίδι νυχιών

el perfume

άρωμα

el portacosméticos

νεσεσέρ

la banqueta

σκαμπό

la balanza

ζυγαριά

la bata

μπουρνούζι

los guantes de goma

ελαστικά γάντια

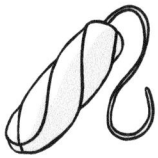

el tampón

ταμπόν

la toallita femenina

πετσέτα υγιεινής

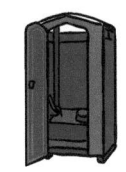

el baño químico

χημική τουαλέτα

el cuarto de los chicos

παιδικό δωμάτιο

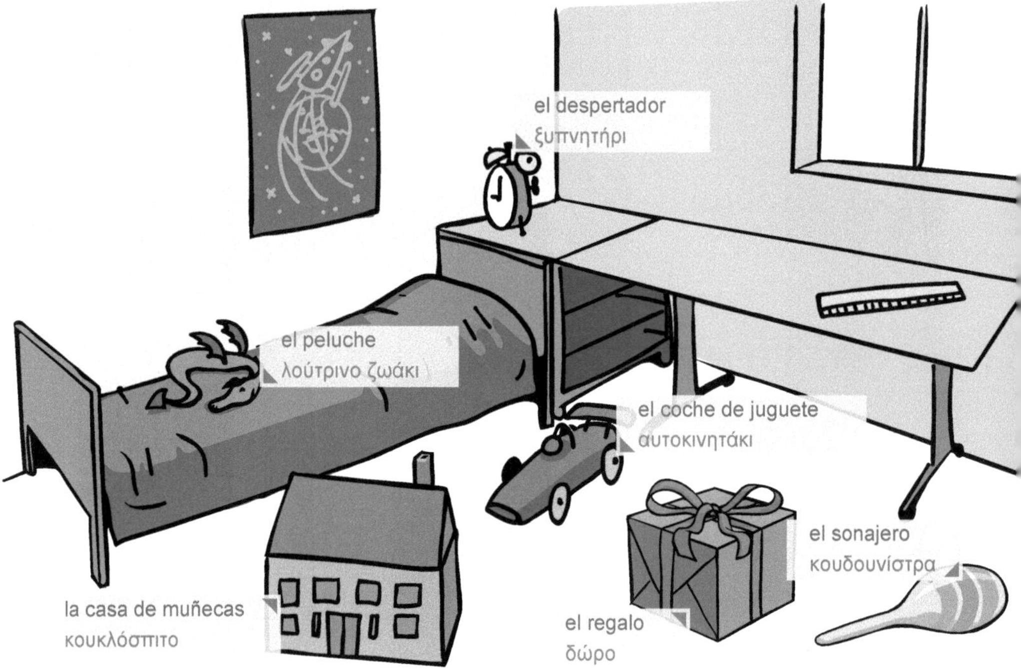

el despertador
ξυπνητήρι
el peluche
λούτρινο ζωάκι
el coche de juguete
αυτοκινητάκι
el sonajero
κουδουνίστρα
la casa de muñecas
κουκλόσπιτο
el regalo
δώρο

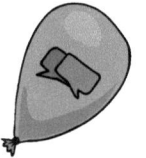

el globo

μπαλόνι

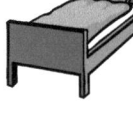

la cama

κρεβάτι

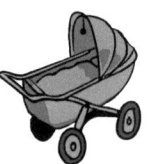

el cochecito

καροτσάκι

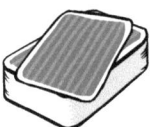

las cartas

τράπουλα

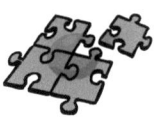

el rompecabezas

παζλ

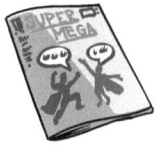

la historieta

κόμικς

las piezas de lego

τουβλάκια lego

los ladrillos de juguete

τουβλάκια κατασκευών

la figura de acción

φιγούρα δράσης

el enterito (de bebé)

βρεφικό φορμάκι

el frisbee

φρίσμπι

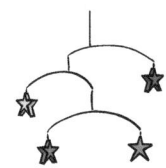

el móvil para bebés

μόμπιλο

el juego de mesa

επιτραπέζιο παιχνίδι

los dados

ζάρια

el tren eléctrico

σετ τρενάκι

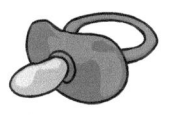

el chupete

πιπίλα

la fiesta

πάρτι

el libro de cuentos ilustrado

εικονογραφημένο βιβλίο

la pelota

μπάλα

la muñeca

κούκλα

jugar

παίζω

el arenero

σκάμμα με άμμο

la hamaca

κούνια

los juguetes

παιχνίδια

la consola de videojuegos

κονσόλα βιντεοπαιχνιδιών

el triciclo

τρίκυκλο

el osito de peluche

αρκουδάκι

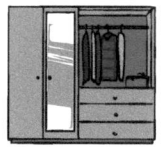

el armario

ντουλάπα

la ropa

ρούχα

las medias

κάλτσες

las medias panty

καλτσοδέτες

las calzas

καλσόν

la bufanda
κασκόλ

el paraguas
ομπρέλα

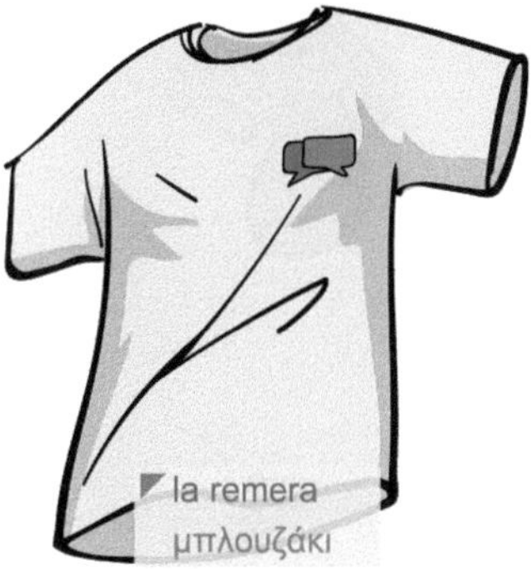

la remera
μπλουζάκι

el cinturón
ζώνη

las botas
μπότες

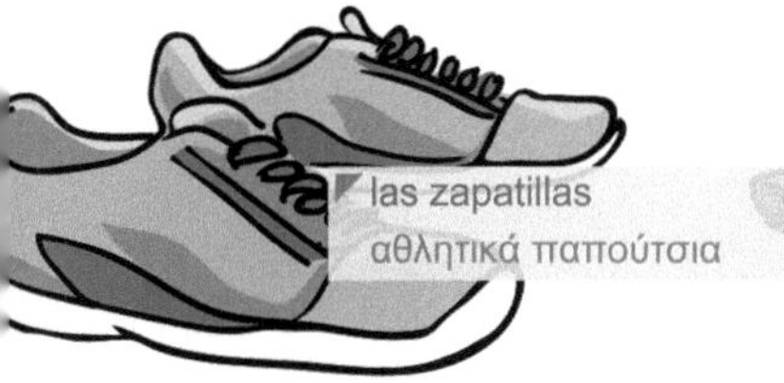

las pantuflas
παντόφλες

las zapatillas
αθλητικά παπούτσια

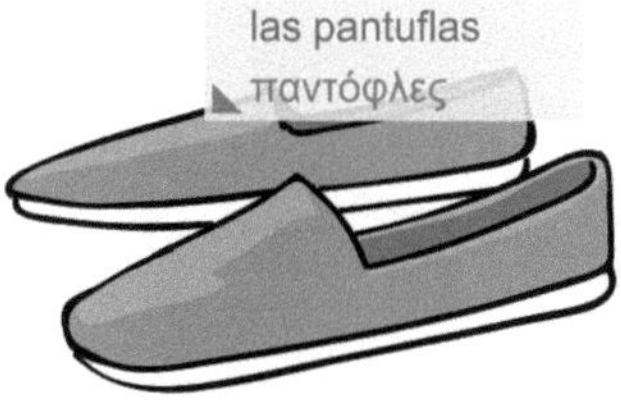

las sandalias
σανδάλια

los zapatos
παπούτσια

las botas de goma
γαλότσες

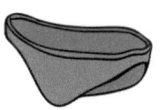

la ropa interior
εσώρουχο

el corpiño
σουτιέν

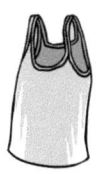

el chaleco
φανέλα

el body

σώμα

los pantalones

παντελόνι

los jeans

τζιν παντελόνι

la pollera

φούστα

la blusa

μπλούζα

la camisa

πουκάμισο

el pulóver

πουλόβερ

el buzo

πουλόβερ

el blazer

σακάκι

la campera

μπουφάν

el tapado

παλτό

el piloto

αδιάβροχο πανωφόρι

el traje

κοστούμι

el vestido

φόρεμα

el vestido de novia

νυφικό

el traje
κοστούμι

el camisón
νυχτικό

el pijama
πιτζάμες

el sari
σάρι

el pañuelo para la cabeza
μαντήλι

el turbante
τουρμπάνι

la burka
μπούρκα

el caftán
καφτάνι

la abaya
μουσουλμανικό ένδυμα

el traje de baño
ολόσωμο μαγιό

el short de baño
ανδρικό μαγιό

los shorts
σορτς

el jogging
αθλητική φόρμα

el delantal
ποδιά

los guantes
γάντια

el botón

κουμπί

los anteojos

γυαλιά

la pulsera

βραχιόλι

el collar

περιδέραιο

el anillo

δαχτυλίδι

el aro

σκουλαρίκι

la gorra

καπέλο

la percha

κρεμάστρα

el sombrero

καπέλο

la corbata

γραβάτα

el cierre

φερμουάρ

el casco

κράνος

los tiradores

τιράντες

el uniforme escolar

μαθητική στολή

el uniforme

στολή

el babero

σαλιάρα

el chupete

πιπίλα

el pañal

πάνα

la oficina
γραφείο

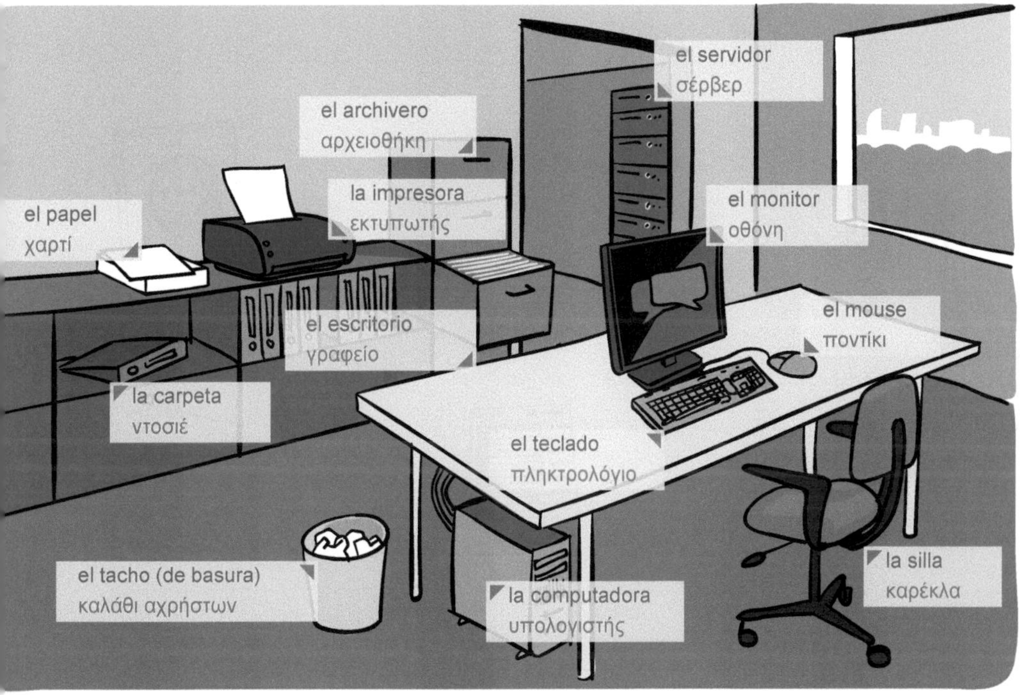

el servidor
σέρβερ

el archivero
αρχειοθήκη

la impresora
εκτυπωτής

el papel
χαρτί

el monitor
οθόνη

el escritorio
γραφείο

el mouse
ποντίκι

la carpeta
ντοσιέ

el teclado
πληκτρολόγιο

el tacho (de basura)
καλάθι αχρήστων

la computadora
υπολογιστής

la silla
καρέκλα

la taza de café

κούπα του καφέ

la calculadora

κομπιουτεράκι

el internet

ίντερνετ

la laptop
λάπτοπ

la carta
γράμμα

el mensaje
μήνυμα

el celular
κινητό

la red
δίκτυο

la fotocopiadora
φωτοτυπικό μηχάνημα

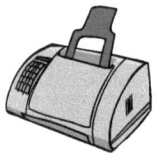

el software
λογισμικό

el teléfono
τηλέφωνο

el tomacorriente
πρίζα

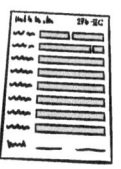

el fax
συσκευή φαξ

el formulario
έντυπο

el documento
έγγραφο

comprar

αγοράζω

pagar

πληρώνω

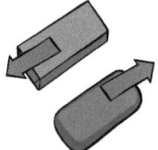

hacer negocios

συναλλάσσομαι

el dinero

χρήματα

USD

el dólar

δολάριο

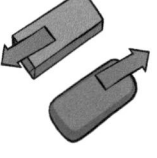

EUR

el euro

ευρώ

JPY

el yen

γιεν

RUB

el rublo

ρούβλι

CHF

el franco suizo

ελβετικό φράγκο

CNY

el yuan

ρενμίνμπι γιουάν

INR

la rupia

ρουπία

el cajero automático

ATM (αυτόματη ταμειακή μηχανή)

la casa de cambio

ανταλλακτήρια συναλλάγματος

el oro

χρυσός

la plata

ασήμι

el petróleo

πετρέλαιο

la energía

ενέργεια

el precio

τιμή

el contrato

συμβόλαιο

el impuesto

φόρος

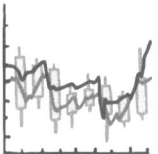

la acción

μετοχή

trabajar

δουλεύω

el empleado

υπάλληλος

el empleador

εργοδότης

la fábrica

εργοστάσιο

el negocio

κατάστημα

las ocupaciones
επαγγέλματα

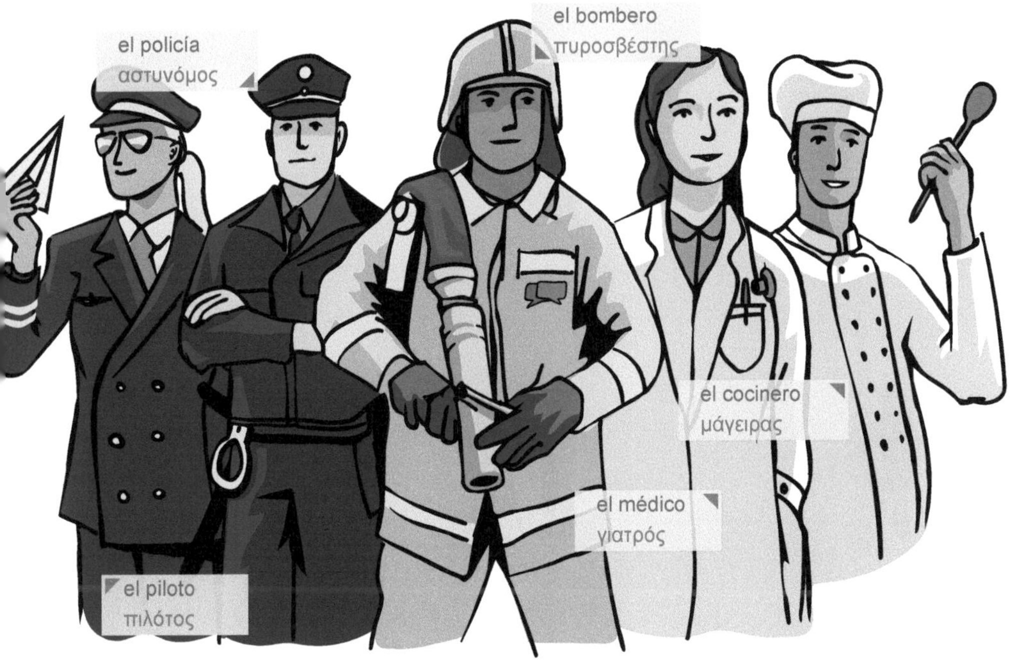

el bombero
πυροσβέστης
el policía
αστυνόμος
el cocinero
μάγειρας
el médico
γιατρός
el piloto
πιλότος

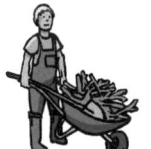

el jardinero
κηπουρός

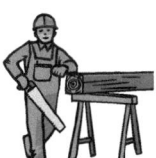

el carpintero
ξυλουργός

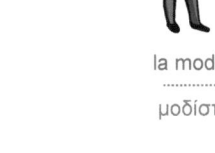

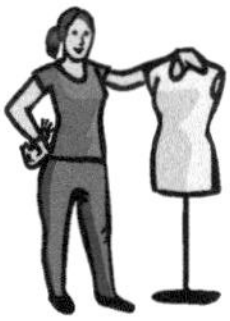
la modista
μοδίστρα

el juez
δικαστής

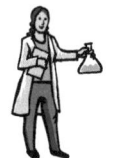

el farmacéutico
χημικός

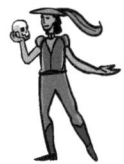

el actor
ηθοποιός

el colectivero

οδηγός λεωφορείου

el taxista

ταξιτζής

el pescador

ψαράς

la mucama

καθαρίστρια

el techista

τεχνίτης στεγών

el mozo

σερβιτόρος

el cazador

κυνηγός

el pintor

ζωγράφος

el panadero

αρτοποιός

el electricista

ηλεκτρολόγος

el albañil

οικοδόμος

el ingeniero

μηχανολόγος

el carnicero

κρεοπώλης

el plomero

υδραυλικός

el cartero

ταχυδρόμος

el soldado

στρατιώτης

el arquitecto

αρχιτέκτονας

el cajero

ταμίας

el florista

ανθοπώλης

el peluquero

κομμωτής

el cobrador

ελεγκτής εισιτηρίων

el mecánico

μηχανικός

el capitán

καπετάνιος

el dentista

οδοντίατρος

el científico

επιστήμονας

el rabino

ραβίνος

el imán

ιμάμης

el monje

μοναχός

el sacerdote

ιερέας

las herramientas

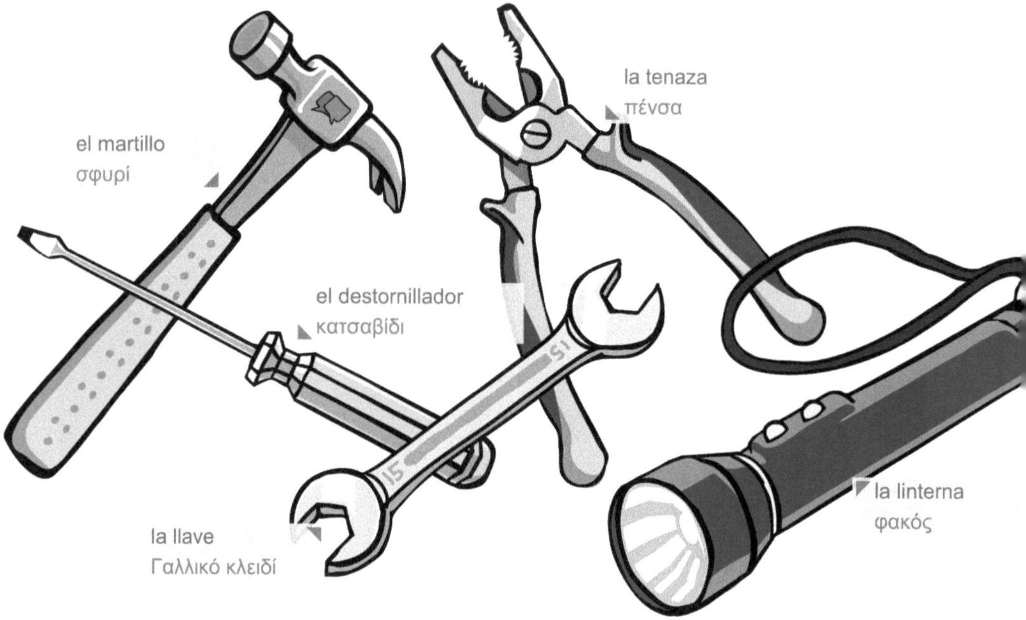

εργαλεία

el martillo
σφυρί

la tenaza
πένσα

el destornillador
κατσαβίδι

la llave
Γαλλικό κλειδί

la linterna
φακός

la excavadora
εκσκαφέας

la caja de herramientas
εργαλειοθήκη

la escalera portátil
σκάλα

la sierra
πριόνι

los clavos
καρφιά

el taladro
τρυπάνι

arreglar

επισκευάζω

la pala de jardín

φτυάρι

¡Qué bronca!

Να πάρει!

la pala de plástico

φαράσι

el tacho de pintura

δοχείο χρωμάτων

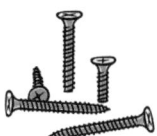

los tornillos

βίδες

los instrumentos musicales
μουσικά όργανα

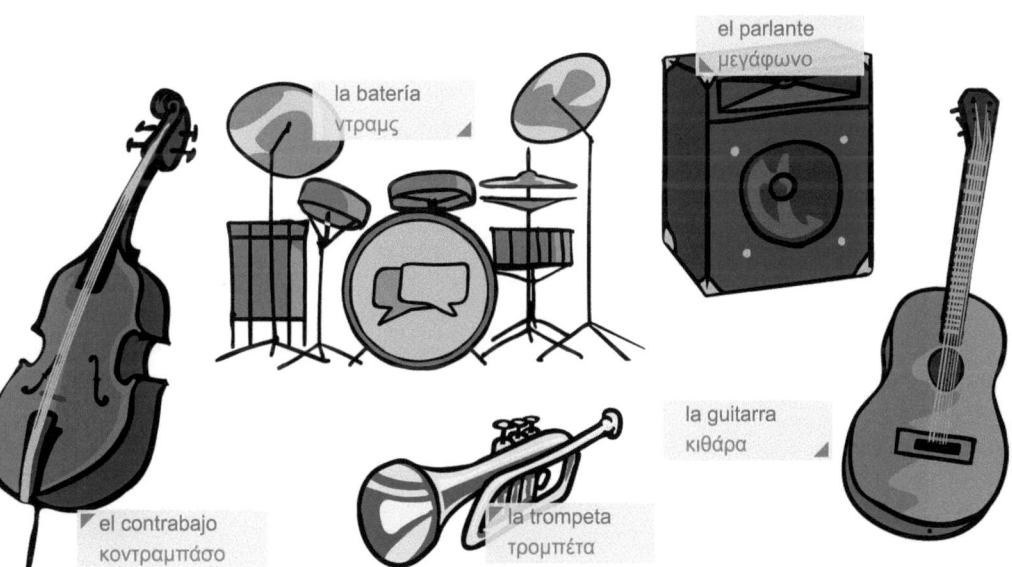

el parlante
μεγάφωνο

la batería
ντραμς

la guitarra
κιθάρα

el contrabajo
κοντραμπάσο

la trompeta
τρομπέτα

el piano
πιάνο

el violín
βιολί

el bajo
μπάσο

los timbales
τύμπανα

el tambor
τύμπανο

el teclado
πλήκτρα

el saxofón
σαξόφωνο

la flauta
φλάουτο

el micrófono
μικρόφωνο

el zoológico
ζωολογικός κήπος

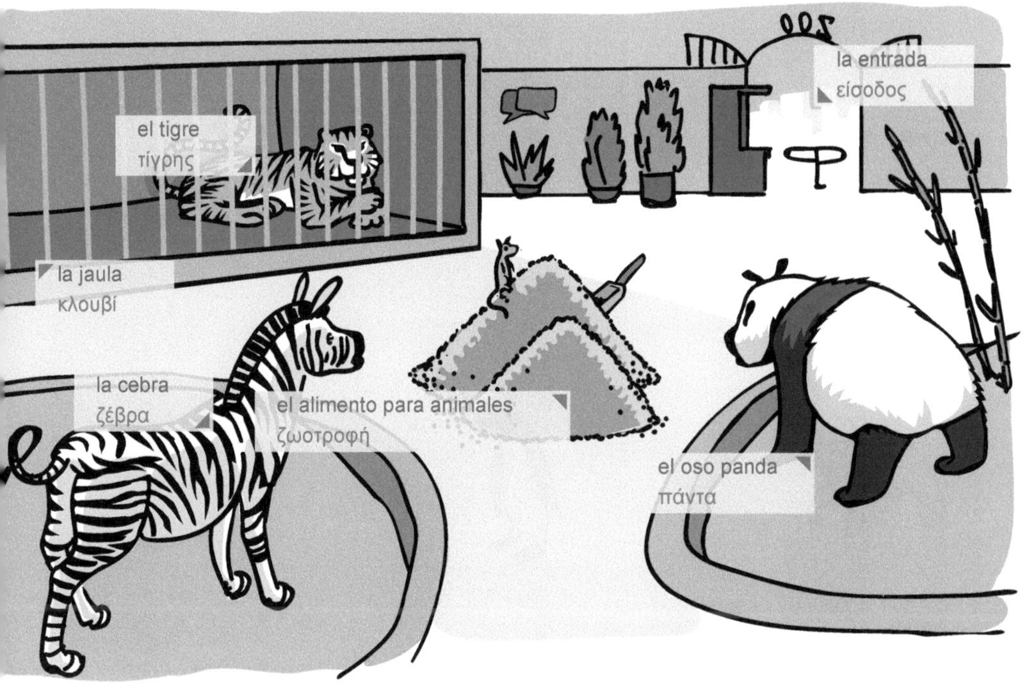

zoo
la entrada
είσοδος
el tigre
τίγρης
la jaula
κλουβί
la cebra
ζέβρα
el alimento para animales
ζωοτροφή
el oso panda
πάντα

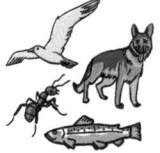

los animales
ζώα

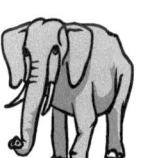

el elefante
ελέφαντας

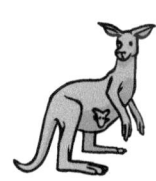

el canguro
καγκουρό

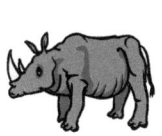

el rinoceronte
ρινόκερος

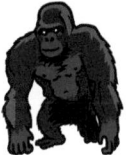

el gorila
γορίλας

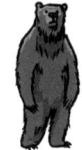

el oso
αρκούδα

el camello

καμήλα

el avestruz

στρουθοκάμηλος

el león

λιοντάρι

el mono

πίθηκος

el flamenco

φλαμίνγκο

el loro

παπαγάλος

el oso polar

πολική αρκούδα

el pingüino

πιγκουίνος

el tiburón

καρχαρίας

el pavo real

παγώνι

la serpiente

φίδι

el cocodrilo

κροκόδειλος

el cuidador del zoológico

φύλακας ζωολογικού κήπου

la foca

φώκια

el jaguar

τζάγκουαρ

el poni

πόνυ

el leopardo

λεοπάρδαλη

el hipopótamo

ιπποπόταμος

la jirafa

καμηλοπάρδαλη

el águila

αετός

el jabalí

αγριογούρουνο

el pescado

ψάρι

la tortuga

χελώνα

la morsa

θαλάσσιος ίππος

el zorro

αλεπού

la gacela

γαζέλα

el fútbol americano
Αμερικάνικο ποδόσφαιρο

el ciclismo
ποδηλασία

el tenis
αντισφαίριση

el básquet
μπάσκετ

la natación
κολύμβηση

el hockey sobre hielo
χόκεϋ επί πάγου

el boxeo
πυγχαμία

el fútbol

ποδόσφαιρο

el bádminton

μπάντμιντον

el atletismo

στίβος

el handball

χάντμπολ

el esquí

σκι

el polo

πόλο

las actividades
δραστηριότητες

reír
γελάω
saltar
πηδάω
abrazar
αγκαλιάζω
caminar
περπατάω
cantar
τραγουδάω
soñar
ονειρεύομαι
rezar
προσεύχομαι
besar
φιλάω

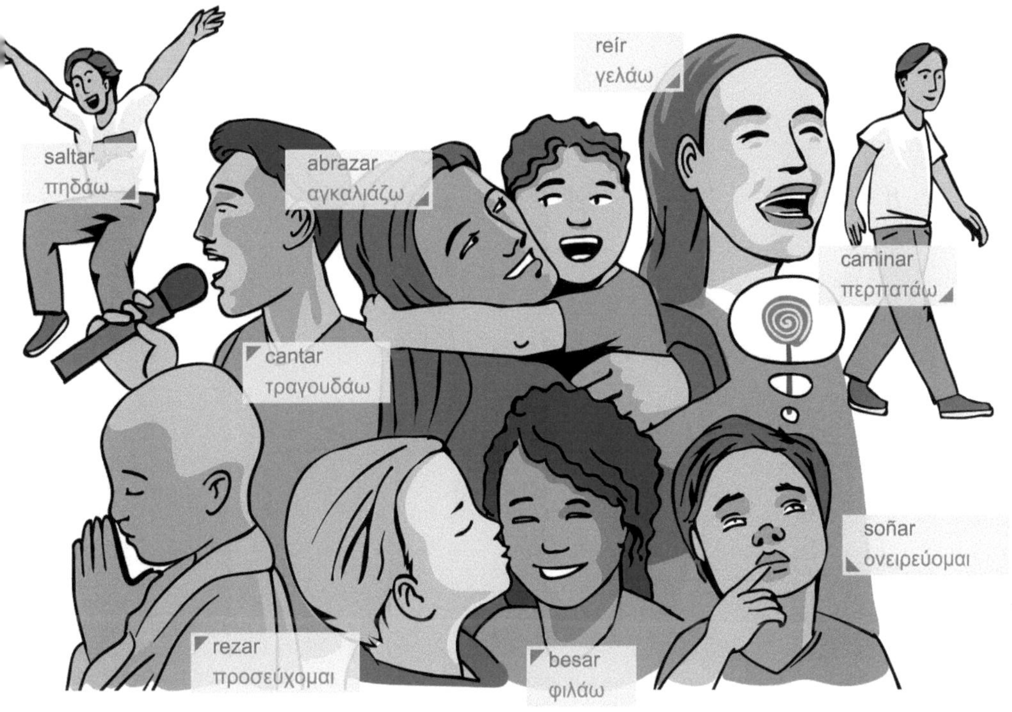

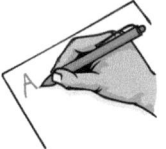

escribir
γράφω

dibujar
σχεδιάζω

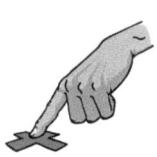

mostrar
δείχνω

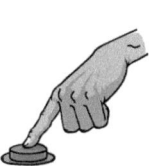

presionar
πιέζω

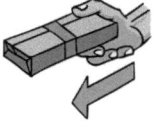

dar
δίνω

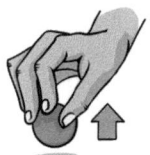

tomar
παίρνω

tener
έχω

hacer
κάνω

ser
είμαι

estar parado
στέκομαι

correr
τρέχω

tirar
τραβάω

tirar
ρίχνω

caer
πέφτω

estar acostado
ξαπλώνω

esperar
περιμένω

llevar
κουβαλώ

estar sentado
κάθομαι

vestirse
φοράω

dormir
κοιμάμαι

despertar
ξυπνάω

mirar

κοιτάω

llorar

κλαίω

acariciar

χαϊδεύω

peinar

χτενίζω

hablar

μιλάω

entender

καταλαβαίνω

preguntar

ρωτάω

escuchar

ακούω

beber

πίνω

comer

τρώω

ordenar

συγυρίζω

amar

αγαπάω

cocinar

μαγειρεύω

manejar

οδηγώ

volar

πετάω

navegar

κάνω ιστιοπλοΐα

calcular

υπολογίζω

leer

διαβάζω

aprender

μαθαίνω

trabajar

δουλεύω

casarse

παντρεύομαι

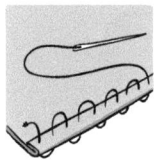

coser

ράβω

cepillarse los dientes

βουρτσίζω τα δόντια

matar

σκοτώνω

fumar

καπνίζω

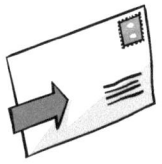

enviar

στέλνω

la familia
οικογένεια

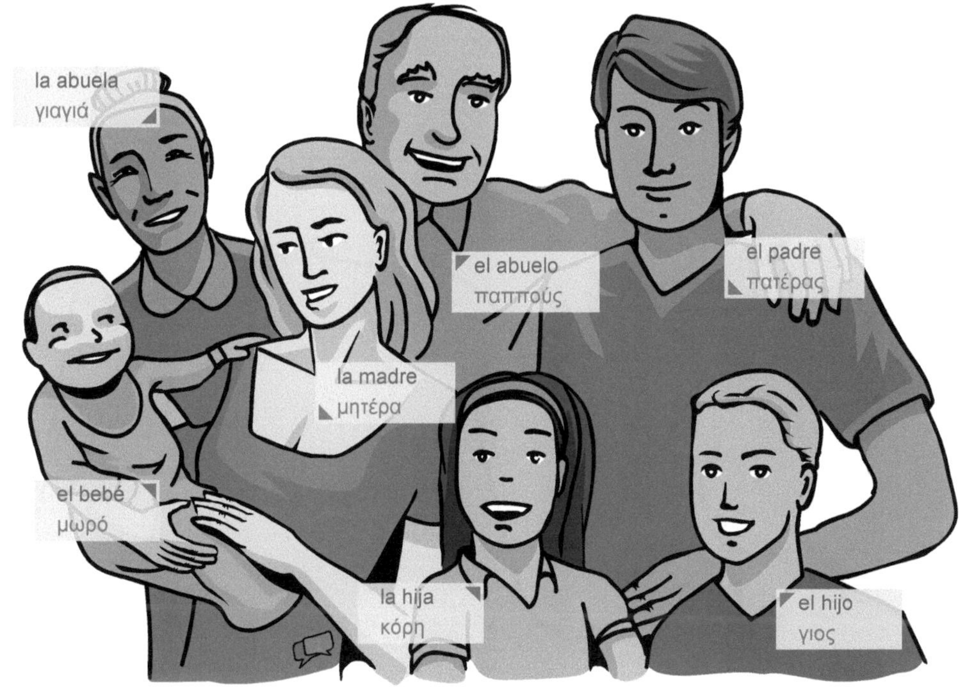
la abuela
γιαγιά
el abuelo
παππούς
el padre
πατέρας
la madre
μητέρα
el bebé
μωρό
la hija
κόρη
el hijo
γιος

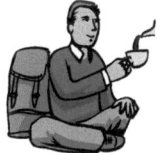

el invitado

καλεσμένος

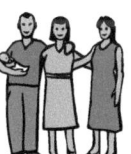

la tía

θεία

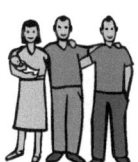

el tío

θείος

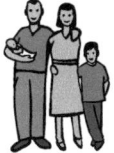

el hermano

αδελφός

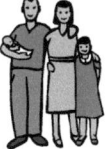

la hermana

αδελφή

el cuerpo
σώμα

la frente
μέτωπο
el ojo
μάτι
el hombro
ώμος
el dedo
δάχτυλο
la cara
πρόσωπο
la pera
πιγούνι
la mano
χέρι
la pierna
πόδι
el pecho
στήθος
el brazo
βραχίονας

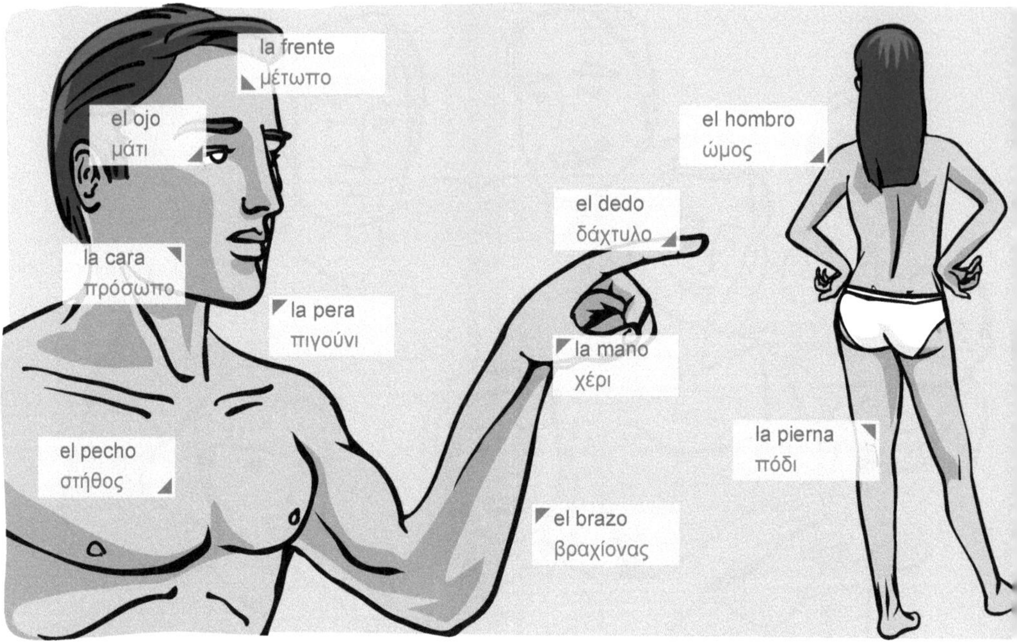

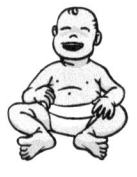

el bebé

μωρό

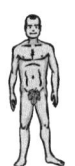

el hombre

άνδρας

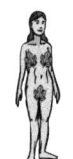

la mujer

γυναίκα

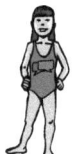

la nena

κορίτσι

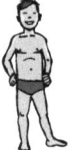

el nene

αγόρι

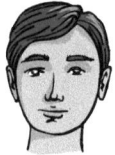

la cabeza

κεφάλι

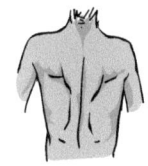

la espalda
πλάτη

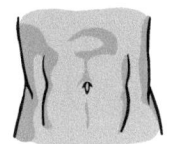

la panza
κοιλιά

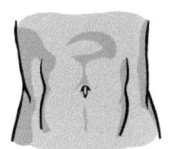

el ombligo
αφαλός

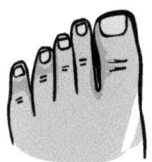

el dedo del pie
δάχτυλο ποδιού

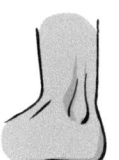

el talón
φτέρνα

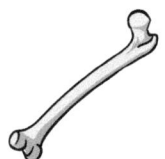

el hueso
κόκκαλο

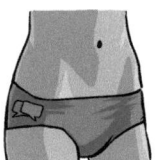

la cadera
γοφός

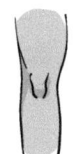

la rodilla
γόνατο

el codo
αγκώνας

la nariz
μύτη

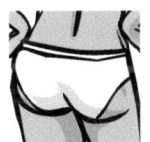

la cola
γλουτός

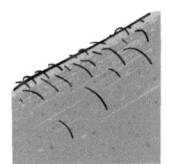

la piel
δέρμα

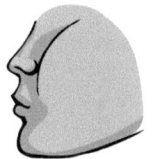

el cachete
μάγουλο

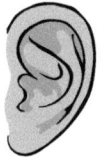

la oreja
αυτί

el labio
χείλος

la boca

στόμα

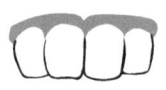

el diente

δόντι

la lengua

γλώσσα

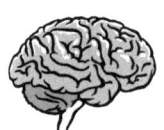

el cerebro

εγκέφαλος

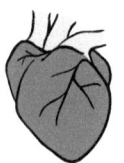

el corazón

καρδιά

el músculo

μυς

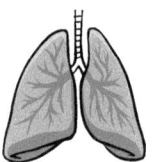

el pulmón

πνεύμονας

el hígado

συκώτι

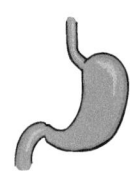

el estómago

στομάχι

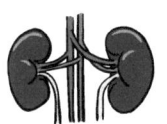

los riñones

νεφρά

el sexo

σεξουαλική επαφή

el preservativo

προφυλακτικό

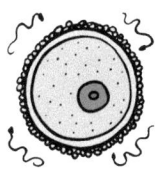

el óvulo

ωάριο

el semen

σπέρμα

el embarazo

εγκυμοσύνη

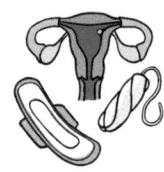

la menstruación

περίοδος

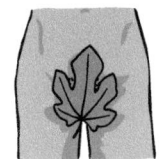

la vagina

γυναικείος κόλπος

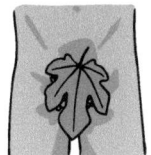

el pene

πέος

la ceja

φρύδι

el pelo

μαλλιά

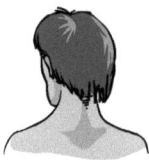

el cuello

λαιμός

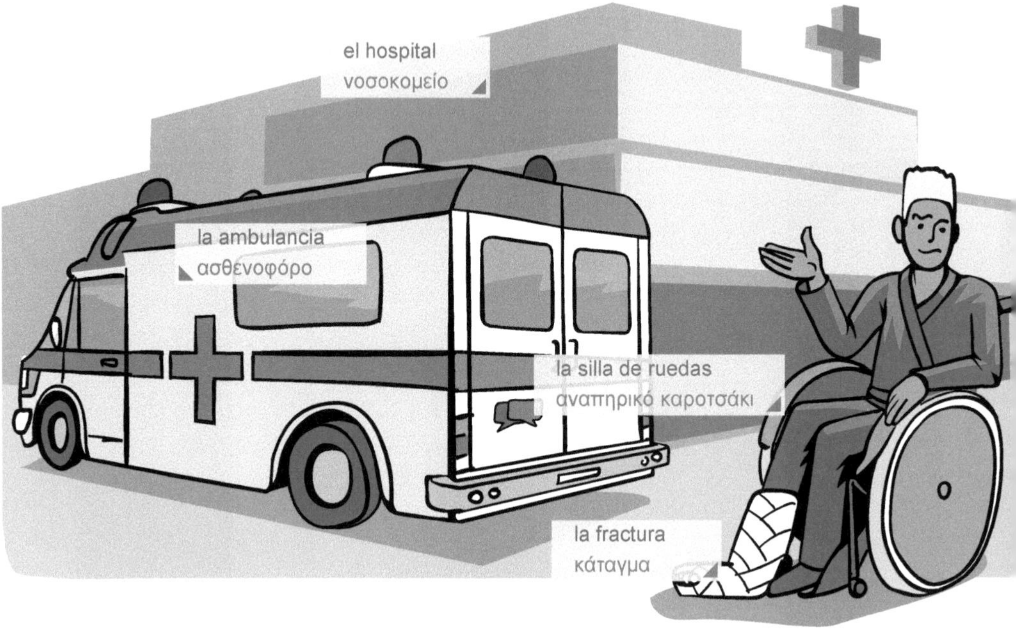

el hospital
νοσοκομείο

la ambulancia
ασθενοφόρο

la silla de ruedas
αναπηρικό καροτσάκι

la fractura
κάταγμα

el médico

γιατρός

la sala de guardia

μονάδα εντατικής θεραπείας

la enfermera

νοσοκόμα

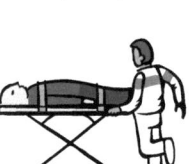

la emergencia

έκτακτη ανάγκη

inconsciente

λιπόθυμος

el dolor

πόνος

la lesión
τραύμα

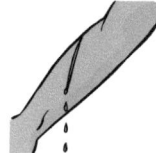

la hemorragia
αιμορραγία

el infarto
έμφραγμα

el ACV
εγκεφαλικό

la alergia
αλλεργία

la tos
βήχας

la fiebre
πυρετός

la gripe
γρίπη

la diarrea
διάρροια

el dolor de cabeza
πονοκέφαλος

el cáncer
καρκίνος

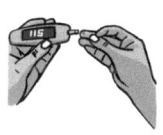

la diabetes
διαβήτης

el cirujano
χειρουργός

el bisturí
νυστέρι

la operación
εγχείρηση

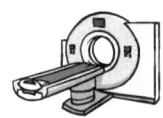

la TC

αξονική τομογραφία

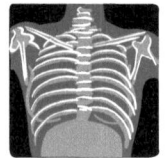

los rayos x

ακτινογραφία

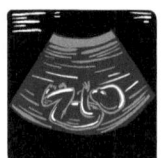

la ecografía

υπέρηχος

el barbijo

μάσκα

la enfermedad

ασθένεια

la sala de espera

αίθουσα αναμονής

la muleta

πατερίτσα

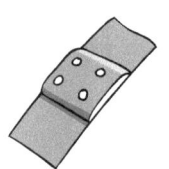

la curita

χάνσαπλαστ

la venda

επίδεσμος

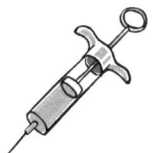

la inyección

ένεση

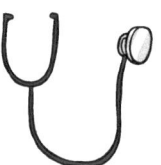

el estetoscopio

στηθοσκόπιο

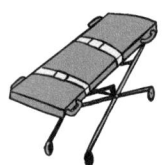

la camilla

φορείο

el termómetro

θερμόμετρο

el nacimiento

γέννηση

el sobrepeso

υπέρβαρο

el audífono

ακουστικό βαρηκοΐας

el desinfectante

αντισηπτικό

la infección

λοίμωξη

el virus

ιός

el VIH / SIDA

HIV/AIDS

el remedio

φάρμακο

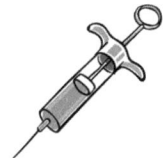

la vacunación

εμβολιασμός

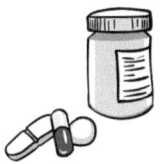

los comprimidos

δισκία

la pastilla anticonceptiva

χάπι

a llamada de emergencia

κλήση έκτακτης ανάγκης

el tensiómetro

πιεσόμετρο αίματος

enfermo / sano

άρρωστος / υγιής

¡Ayuda!
Βοήθεια!

la alarma
συναγερμός

la agresión
βιαιοπραγία

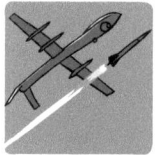

el ataque
επίθεση

el peligro
κίνδυνος

la salida de emergencia
έξοδος κινδύνου

¡Fuego!
Φωτιά!

el matafuego
πυροσβεστήρας

el accidente
ατύχημα

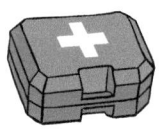

el botiquín de primeros
auxilios
κουτί πρώτων βοηθειών

el SOS
SOS

la policía
αστυνομία

Europa

Ευρώπη

América del Norte

Βόρεια Αμερική

América del Sur

Νότια Αμερική

África

Αφρική

Asia

Ασία

Australia

Αυστραλία

el Atlántico

Ατλαντικός Ωκεανός

el Pacífico

Ειρηνικός Ωκεανός

el Océano Índico

Ινδικός Ωκεανός

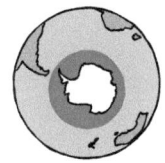

el Océano Antártico

Ανταρκτικός Ωκεανός

el Océano Ártico

Αρκτικός Ωκεανός

el polo norte

Βόρειος Πόλος

el polo sur

Νότιος Πόλος

la Antártida

Ανταρκτική

la Tierra

Γη

la tierra

γη

el mar

θάλασσα

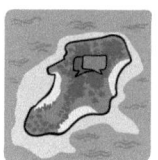

la isla

νησί

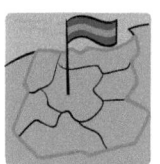

la nación

έθνος

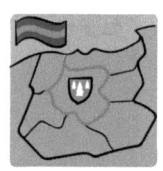

el estado

πολιτεία

la esfera

καντράν ρολογιού

la manecilla de las horas

ωροδείκτης

el minutero

λεπτοδείκτης

el segundero

δείκτης δευτερολέπτων

¿Qué hora es?

Τι ώρα είναι;

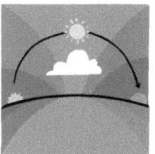

el día

ημέρα

la hora

χρόνος

ahora

τώρα

el reloj digital

ψηφιακό ρολόι

el minuto

λεπτό

la hora

ώρα

la semana
εβδομάδα

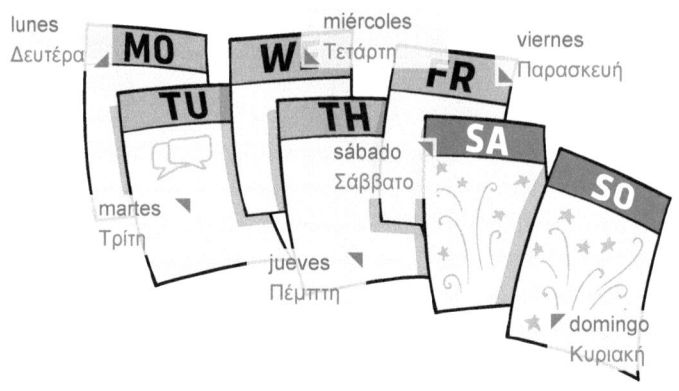

lunes
Δευτέρα

miércoles
Τετάρτη

viernes
Παρασκευή

martes
Τρίτη

sábado
Σάββατο

jueves
Πέμπτη

domingo
Κυριακή

ayer

χθες

hoy

σήμερα

mañana

αύριο

la mañana

πρωί

el mediodía

μεσημέρι

la tarde

βράδυ

MO	TU	WE	TH	FR	SA	SU
1	2	3	4	5	6	7
8	9	10	11	12	13	14
15	16	17	18	19	20	21
22	23	24	25	26	27	28
29	30	31	1	2	3	4

los días hábiles

εργάσιμες ημέρες

MO	TU	WE	TH	FR	SA	SU
1	2	3	4	5	6	7
8	9	10	11	12	13	14
15	16	17	18	19	20	21
22	23	24	25	26	27	28
29	30	31	1	2	3	4

el fin de semana

Σαββατοκύριακο

el año

έτος

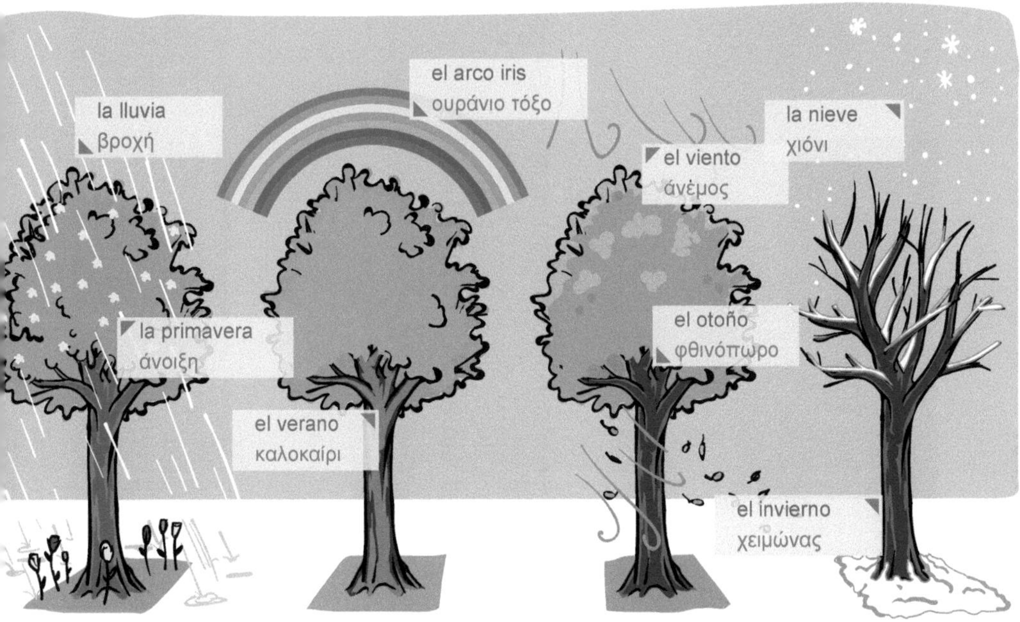

la lluvia
βροχή
el arco iris
ουράνιο τόξο
la nieve
χιόνι
el viento
άνεμος
la primavera
άνοιξη
el otoño
φθινόπωρο
el verano
καλοκαίρι
el invierno
χειμώνας

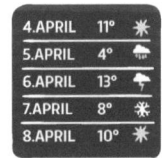

4.APRIL 11°
5.APRIL 4°
6.APRIL 13°
7.APRIL 8°
8.APRIL 10°

l pronóstico meteorológico

πρόγνωση καιρού

F C
120 90 60 30 0 -30
40 30 20 10 0 -10 -20

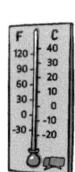

el termómetro

θερμόμετρο

la luz del sol

λιακάδα

la nube

σύννεφο

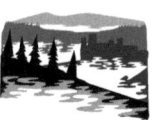

la niebla

ομίχλη

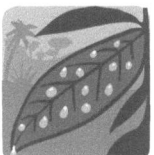

la humedad

υγρασία

el rayo

αστραπή

el trueno

κεραυνός

la tormenta

καταιγίδα

el granizo

χαλάζι

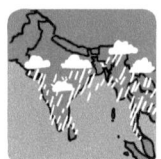

el monzón

μουσώνας

la inundación

πλημμύρα

el hielo

πάγος

enero

Ιανουάριος

febrero

Φεβρουάριος

marzo

Μάρτιος

abril

Απρίλιος

mayo

Μάιος

junio

Ιούνιος

julio

Ιούλιος

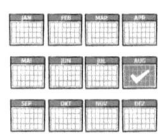

agosto

Αύγουστος

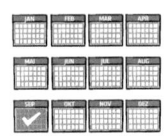

septiembre

Σεπτέμβριος

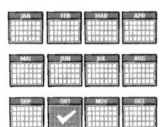

octubre

Οκτώβριος

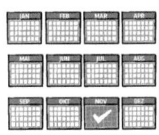

noviembre

Νοέμβριος

diciembre

Δεκέμβριος

las formas
σχήματα

el círculo

κύκλος

el cuadrado

τετράγωνο

el rectángulo

ορθογώνιο
παραλληλόγραμμο

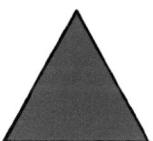

el triángulo

τρίγωνο

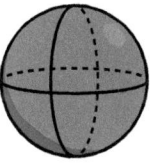

la esfera

σφαίρα

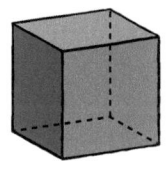

el cubo

κύβος

blanco

άσπρο

amarillo

κίτρινο

naranja

πορτοκαλί

rosa

ροζ

rojo

κόκκινο

violeta

μωβ

azul

μπλε

verde

πράσινο

marrón

καφέ

gris

γκρι

negro

μαύρο

mucho / poco

πολύ / λίγο

enojado / tranquilo

θυμωμένος / ήρεμος

lindo / feo

όμορφος / άσχημος

el principio / el fin

αρχή / τέλος

grande / chico

μεγάλος / μικρός

claro / oscuro

φωτεινός / σκοτεινός

el hermano / la hermana

αδελφός / αδελφή

limpio / sucio

καθαρός / λερωμένος

completo / incompleto

πλήρης / ατελής

el día / la noche

ημέρα / νύχτα

muerto / vivo

νεκρός / ζωντανός

ancho / angosto

φαρδύς / στενός

comestible / no comestible

βρώσιμος / μη βρώσιμος

malo / amable

κακός / ευγενικός

entusiasmado / aburrido

ενθουσιασμένος / βαριεστημένος

gordo / flaco

παχύς / λεπτός

primero / último

πρώτος / τελευταίος

el amigo / el enemigo

φίλος / εχθρός

lleno / vacío

γεμάτος / άδειος

duro / blando

σκληρός / μαλακός

pesado / liviano

βαρύς / ελαφρύς

el hambre / la sed

πείνα / δίψα

enfermo / sano

άρρωστος / υγιής

ilegal / legal

παράνομος / νόμιμος

inteligente / estúpido

έξυπνος / χαζός

izquierda / derecha

αριστερός / δεξιός

cerca / lejos

κοντινός / μακρινός

nuevo / usado

καινούριος / μεταχειρισμένος

nada / algo

τίποτα / κάτι

viejo / joven

γέρος | νέος

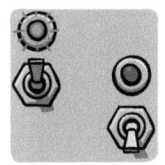

encendido / apagado

αναμμένος / σβηστός

abierto / cerrado

ανοιχτός / κλειστός

silencioso / ruidoso

χαμηλόφωνος / μεγαλόφωνος

rico / pobre

πλούσιος / φτωχός

correcto / incorrecto

σωστός / λανθασμένος

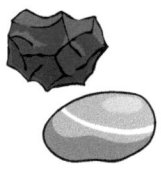

áspero / suave

τραχύς / λείος

triste / contento

λυπημένος / χαρούμενος

corto / largo

κοντός / μακρύς

lento / rápido

αργός / γρήγορος

mojado / seco

υγρός / στεγνός

caliente / frío

ζεστός / δροσερός

guerra / paz

πόλεμος / ειρήνη

0	**1**	**2**
cero	uno	dos
μηδέν	ένα	δύο

3	**4**	**5**
tres	cuatro	cinco
τρία	τέσσερα	πέντε

6	**7**	**8**
seis	siete	ocho
έξι	εφτά	οκτώ

9	**10**	**11**
nueve	diez	once
εννιά	δέκα	έντεκα

12

doce

δώδεκα

13

trece

δεκατρία

14

catorce

δεκατέσσερα

15

quince

δεκαπέντε

16

dieciséis

δεκαέξι

17

diecisiete

δεκαεφτά

18

dieciocho

δεκαοκτώ

19

diecinueve

δεκαεννέα

20

veinte

είκοσι

100

cien

εκατό

1.000

mil

χίλια

1.000.000

el millón

εκατομμύριο

los números - αριθμοί

el inglés

Αγγλικά

el inglés americano

Αμερικάνικα Αγγλικά

el chino mandarín

Μανδαρίνικα Κινέζικα

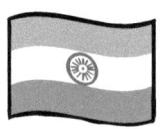

el hindi

Χίντι

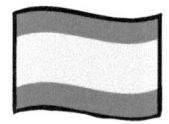

el español

Ισπανικά

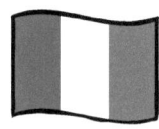

el francés

Γαλλικά

el árabe

Αραβικά

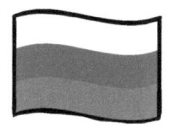

el ruso

Ρώσικα

el portugués

Πορτογαλικά

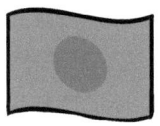

el bengalí

Μπενγκάλι

el alemán

Γερμανικά

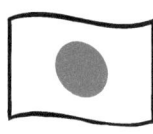

el japonés

Ιαπωνικά

yo

εγώ

vos

εσύ

él / ella

αυτός / αυτή / αυτό

nosotros

εμείς

ustedes

εσείς

ellos

αυτοί / αυτές / αυτά

¿quién?

ποιος / ποια / ποιο;

¿qué?

τι;

¿cómo?

πώς;

¿dónde?

πού;

¿cuándo?

πότε;

el nombre

όνομα

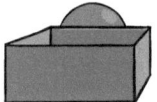

detrás

πίσω

en

μέσα

adelante de

μπροστά

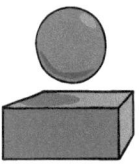

por encima de

πάνω από

sobre

πάνω

debajo de

κάτω

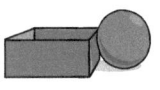

al lado de

δίπλα

entre

ανάμεσα

el lugar

μέρος